DISTRIBUTION DES

LE 13 JUILLLET 1915

par MM. C. CHACORNAC et Lucien PONN[illegible]

LIVRE D'OR

MELUN

IMPRIMERIE ADMINISTRATIVE

1915

LYCÉE JANSON DE SAILLY

DISCOURS

PRONONCÉ

par M. C. CHACORNAC,

Proviseur du Lycée.

MES JEUNES AMIS,

Il y a bientôt un an. Vous veniez de nous quitter; vos camarades candidats à l'École Polytechnique, à l'École Centrale, à l'École spéciale Militaire, à l'Institut Agronomique, subissaient les épreuves des concours; quand la mauvaise foi du vainqueur de 1870, passant de l'arrogance à la menace et à l'outrage, obligea la France à ordonner la mobilisation générale.

C'était le 1er août. Les concours d'admission à l'École Centrale et à l'Institut Agronomique se terminèrent. Les autres furent suspendus, et quelques-uns de vos camarades durent attendre auprès de nous que l'heure du devoir eût sonné.

Avec quel entrain les générations successives de vos aînés devaient y répondre, vous l'avez vu.

Deux de vos maîtres de culture physique étaient partis le 2 août. Sous la direction des autres s'organisait aussitôt, au Lycée même, la préparation militaire des élèves des classes de 1914 et 1915, qui étaient présents à Paris. La classe de 1914 partie, celle de 1916 prenait sa place, et les soldats de 1915 étaient à leur tour remplacés par vous, jeunes conscrits frémissants de 1917.

Telle avait été dès le premier jour l'ardeur des Jansonnets qu'on les avait remarqués dans les rangs de l'Union des Sociétés de préparation militaire. Mais surtout, dispersés dans des régiments divers de toutes armes, où ils avaient rejoint leurs aînés, ils ont fait tout de suite figure de soldats ou d'aspirants alertes et vaillants, toujours prêts pour une mission périlleuse, partout présents où il y eut un risque à courir, comme s'ils avaient à cœur de démontrer qu'ils avaient toutes les élégances.

Cependant, dès le 2 août, hâtivement, sous l'impulsion de dévouements actifs et sûrs, s'installait au Lycée un hôpital de l'Union des Femmes de France. Médecins de mérite, infirmières aussi généreuses qu'expérimentées, brancardiers pleins de zèle à défaut d'expérience, s'empressaient à l'envi. Le 17, l'hôpital était prêt. M. le Ministre de l'Instruction publique, Mᵐᵉ Raymond Poincaré l'honoraient de leur visite, que devait suivre un peu plus tard celle de Mᵍʳ le Cardinal Archevêque de Paris.

Bientôt, la bataille de la Marne remplissait les salles de blessés et l'œuvre de pitié humaine ainsi commencée allait se perpétuer sous vos yeux, vous révéler l'une des raisons les plus claires que nous ayons de haïr la guerre. Vous garderez le souvenir des dévouements que vous avez entrevus, des blessés qui ont souffert près de vous, des mutilés qui vivront désormais une vie amoindrie et qu'il faut entourer de reconnaissance et d'honneur, des vaincus de la douleur dont vous avez suivi le cercueil pieusement enveloppé des couleurs de la France.

Par une délicatesse dont une de vos mères et l'administration de l'hôpital ont eu la pensée, les blessés de Janson, pour vous dire merci de leur avoir fait une place dans votre maison, ont offert au Lycée, un drapeau daté dont l'or et la soie flotteront un jour, bientôt, j'espère, au-dessous des portraits de nos héros.

Entre temps la rentrée des classes s'était préparée. C'était l'autre devoir, que pas un instant, même en ces journées d'angoisse de la fin d'août et du commencement de septembre, nous n'avions perdu de vue. L'hôpital avait été doté généreusement, mais de telle sorte que les services du Lycée, ramenés aux nécessités de l'heure, pussent être rétablis et rester réunis sous son toit. Nous entendions bien vous recevoir à votre tour dans votre Lycée, avec les précautions attentives qui devaient d'une part écarter les risques et de l'autre vous assurer une année scolaire fructueuse, à vous que chacun de nos deuils nous rendait plus chers.

La rentrée fut permise le 12 octobre. Vous répondîtes à l'appel au nombre de 547 au Grand Lycée et de 385 au Petit.

Trente-trois de vos maîtres (1) étaient soldats. Si nous ne pouvions pas ouvrir sept Premières, sept Secondes, six Troisièmes, nous en ouvrions cinq, fortement organisées. Quelques divisions ont dépassé 50 élèves le jour où les familles ont été ramenées à la confiance par les évènements (2). Mais, avec des élèves dont le bon vouloir généreux était acquis d'avance, l'autorité et l'expérience de maîtres éminents devaient faire de cette année, qui pouvait être profondément troublée, l'une des meilleures et des plus fécondes dans toutes les classes secondaires.

Seules, les classes préparatoires aux Écoles allaient être désertes. Compromis dès le début, les concours de 1915 furent supprimés dès qu'il apparut que les candidats des classes de 1913 et 1914, qui déjà se battaient, ne pourraient pas y prendre part. Rien ne pouvait plus retenir leurs cadets. Au nombre de 166, ils coururent rejoindre leurs anciens (3). Vous les voyez passer, quand ils viennent voir si nous les reconnaîtrons avec leurs galons frais cousus, et vous en êtes fiers, légitimement fiers.

Nous le sommes avec vous, mais nous ne vous séparons pas d'eux dans le sentiment de joie mêlé d'espérance fervente qui monte de nos vieux cœurs opprimés par un long et douloureux silence.

Le jour de la rentrée, réunis sous vos préaux devant tous vos professeurs, vous avez entendu dire quelle part vous deviez prendre à l'œuvre de salut qui s'accomplissait dans le deuil et dans le sang, par quel effort et par quels sacrifices vous deviez vous rendre dignes des heures de paix, de labeur affranchi qui allaient se lever.

Nous avions lu dans vos yeux que vous aviez compris. Je suis heureux de vous le dire, nous n'attendions pas de votre adhésion et de votre promesse muette plus que vous n'avez donné.

A cette heure vos maîtres oublient quelques défaillances individuelles. Ils pensent seulement aux victoires que vous avez remportées sur vous-mêmes. Ils sont contents de vous.

Si votre effort fut décisif, il ne nous a pas échappé que vos pères et vos mères nous aidaient à le soutenir. Jamais, peut-être, ils ne furent plus sûrement avec nous de cœur.

---

(1) Voir page 15.
(2) Au 5 janvier la population totale du lycée dépassait 1.600 élèves.
(3) Le Grand Lycée n'en a pas moins gardé une population de 810 élèves, dont 33 réfugiés. Le Petit Lycée a 813 élèves, dont 101 réfugiés.

Nous en avons eu maintes fois la preuve, en rien plus évidemment que dans la constance avec laquelle ils ont alimenté votre générosité pour les œuvres que notre imprudence avait entreprises.

Quand je vous ai fait connaître quels besoins nés de la guerre sollicitaient notre attention et rappelé toutefois que nous avions des engagements antérieurs, que nos pupilles de l'Œuvre Grancher étaient bien vivants, que les œuvres auxquelles le Lycée était fidèle, depuis de longues années (1), verraient cette année croître leurs besoins, — vous m'avez répondu simplement avec vos maîtres : « Nous ferons un nouvel effort ».

Et voici que, aux 6.000 francs que nous avions l'année dernière, avec le concours du Petit Lycée, consacrés à nos œuvres d'assistance — et que nous avons, cette année, inscrits d'abord au profit de ces mêmes œuvres — les prélèvements mensuels de vos professeurs sur leurs traitements et vos collectes hebdomadaires ont ajouté 16.000 francs (2) pour les besoins nés de la guerre.

---

(1) Assistance par le travail ;
Société de secours mutuels du 16ᵉ arrondissement ;
Orphelins du 16ᵉ ;
Le Loyer des vieillards ;
Le Vestiaire des pauvres ;
Les Crèches de Passy ;
La Pouponnière ;
La Goutte de lait ;
Les Colonies de vacances ;
La Société de protection de l'enfance abandonnée ou coupable ;
La Société de protection des engagés volontaires élevés sous la tutelle administrative ;
La Société de protection des apprentis ;
Les Petites Sœurs des pauvres de l'asile des vieillards de Passy, etc..

(2) Dont 5.300 francs au Secours national } Versés directement par les professeurs et les professeurs adjoints.
2.400 — aux Réfugiés belges.
3.250 — pour la Journée serbe dont 1.099 francs versés par le Petit Lycée.
1.500 francs à l'Union des œuvres d'assistance du 16ᵉ arrond'.
1.000 francs pour les ouvroirs.
1.650 — pour les blessés d'hôpitaux divers.
900 francs pour la Mission sanitaire française en Serbie.

} Par contribution commune des maîtres et des élèves.

Soit..... 16.000 francs aux œuvres nouvelles.
Et....... 6.000 — aux œuvres anciennes dont 1.125 francs versés par le Petit Lycée pour l'Œuvre Grancher.

Total... 22.000 francs.

Je ne fais pas état de ce que vous avez donné aux quêtes publiques (journées du 75 et autres); nous n'en avons pas eu le contrôle, et je sais seulement que vous ne fûtes pas avares.

Mais je compte et j'estime encore à plusieurs milliers de francs les 480 paquets que par les soins de M. Brizard, de M. Gallotti, de M. Rocheblave, par les miens, vous avez envoyés aux soldats du front.

Tels de ces envois, comme celui du 23 décembre aux bataillons de chasseurs des Vosges, firent sensation; il se composait de dix sacs de 25 kilos chacun. Aussi ces mêmes chasseurs n'hésitèrent-ils pas à laisser savoir qu'il y avait parmi eux pas mal d'enrhumés. Par retour du courrier, ils recevaient 800 boîtes de grains de réglisse.

L'Aumônier de la 67ᵉ division demande-t-il des jeux de cartes? Ce désir est exprimé à 10 heures dans deux classes. A 4 heures, trente-deux jeux de cartes sont déposés au Secrétariat.

Un soldat de la 7ᵉ compagnie du 144ᵉ régiment d'infanterie a entendu dire que vous vous intéressiez volontiers aux soldats du front originaires des régions envahies. Il n'a plus de souliers et l'Intendance ne « tient pas » sa pointure. C'est du 39 qu'il lui faut. Des souliers de la pointure 39 sont adressés le lendemain au capitaine de la 7ᵉ compagnie du 144ᵉ d'infanterie pour le soldat Van Grassdorf, qui écrit aussitôt sa joie d'avoir chaussure à son pied.

Des cigares ont été envoyés à la 8ᵉ compagnie du 16ᵉ régiment d'infanterie pour le jour de la Pentecôte. C'est le sous-lieutenant, un Jansonnet qui remercie:

« Il est doux à vos aînés, dit-il, de sentir vos regards tour-
« nés vers eux. Je sais, à ma compagnie, un adjudant, vieux
« brave à trois poils sorti de la Légion étrangère, qui garde
« précieusement votre offrande contre son revolver. Au jour
« très prochain de l'assaut, il la tirera de l'étui en même temps
« que l'arme pour courir aux Boches le cigare aux lèvres. Il
« est sûr que cela lui portera bonheur. »

Ainsi, s'établit, du Lycée aux tranchées et du front des armées au Lycée, une correspondance où des généraux et de simples soldats, des colonels, des majors et des capitaines expriment un même sentiment, où les lettres touchantes ne sont pas rares. Le capitaine Chabrely écrit le bien que fait à ses soldats « pères de famille simples, mais pleins de cœur, la pensée que de jeunes inconnus ont pu songer à l'effort qu'ils

font. Cela soutient leurs énergies ». Il a lui-même un fils élève
d'un grand lycée du Sud-Ouest qui est de la classe 1916.
« Dans quelques jours il sera soldat, dit-il. Je ne pourrai le
« voir avant son départ pour l'armée. Que vos jeunes lycéens,
« ses camarades, me permettent de les comprendre dans le
« baiser que j'envoie à mon fils. »

Le sergent Piat — encore un Jansonnet — écrit « l'effare-
« ment heureux du soldat amputé Selle en voyant arriver un
« colis de Janson, où cependant il ne connaît personne ».

Le sergent Eckman, de la 8e du 43e, nous annonce la mort
héroïque de « notre cher ami le sergent Prez, tombé héroïque-
« ment à l'attaque du 5 avril dans la plaine de Woëvre. Sa
« femme et sa fille, âgée de huit ans, ne connaîtront la triste
« nouvelle que lorsque Ostricourt et le pauvre Nord seront
« dégagés. Arrivé simple soldat en septembre, Prez avait jus-
« qu'ici évité la mort, qu'il avait si souvent bravée, et gagné
« ses galons de sergent par sa bravoure. Il aimait les élèves
« de Janson, sans les connaître, pour les envois si appréciés
« qu'ils font à nos braves soldats ».

Cet autre est un ouvrier que préoccupe la question sociale.

« Ce que font nos jeunes lettrés favorisés par la vie le touche.
« Il lui semble qu'après la guerre on pourra s'entendre. En
« attendant, « ça soutient dans la tranchée de penser qu'on
« n'est pas oublié. » Et son lieutenant ajoute un post-scriptum
qui souligne l'impression du soldat :

« Si nous nous sommes bien battus, écrit le major Coudert,
« c'est pour que les jeunes ne voient jamais les horreurs que
« nous avons vues. »

Vous avez entendu la lecture de ces lettres — les récits
héroïques de la prise des Éparges, de Vauquois, de Notre-
Dame-de-Lorette — ce que l'un de vos maîtres les plus aimés
est allé dire à Genève et à Lausanne de la France du 2 août (1).
— les témoignages que nos alliés et les neutres rendent à
'armée qui a sauvé l'Europe de la barbarie (2).

---

(1) Cf. — M. S. Rocheblave; nº 1105 de *La Semaine littéraire:* « La
France du 2 août ».
(2) Cf. *Le Times:* « La France jugée par les Anglais. »
Cf. *The Atlantic Monthly* (M. J.O. Blaud) : « La Grande Nation. »
Cf. *La Renaissance* du 3 avril (M. Withney Warren) : « Le témoi-
gnage d'un Américain. »

Mais rien ne pouvait vous mettre plus directement en contact avec les réalités présentes que l'histoire écrite au jour le jour de nos deuils et de nos légitimes fiertés.

Vous reconnaîtrez chacun des noms que rappellent les premières pages du palmarès de cette année. A chacun, dans l'intimité de telle ou telle classe, au repas du soir, nous avons donné une pensée émue, la promesse d'un souvenir reconnaissant et fidèle. La piété de l'Association des anciens élèves va dresser les tables de marbre où viendront s'inscrire ceux qui sont morts pour la patrie. Et vous serez surpris que la galerie d'honneur se peuple tout d'un coup de tant et de si beaux souvenirs.

Le Lycée Janson de Sailly, dont on a pu dire qu'il manquait de traditions parce qu'il n'avait pas un long passé, a conquis ses titres avec le sang des plus jeunes et des meilleurs de ses enfants. Si le rang d'une famille se mesure au nombre de ceux qu'elle a donnés au pays et si sa noblesse se révèle à leur qualité d'âme, Janson monte au plus haut degré et s'assied parmi les plus nobles.

Mais écoutez :

C'est Pierre Fourier de Bacourt, un Jansonnet, qui, sorti de Saint-Cyr le 2 août, conduit le 9 la reconnaissance française qui s'est avancée le plus loin vers l'Est. Il est tombé à Habsheim, à 6 kilomètres au delà de Mulhouse, sur la lisière de la forêt de la Hardt. Aucune tombe française n'est plus près du Rhin.

Cet autre Jansonnet, Douchan-Nikolitch, avait vingt ans quand la guerre éclata. Il était le fils de l'ancien ministre de Serbie à Paris, devenu président de la Chambre de Belgrade. Parti avec la classe de 1914, au lendemain du jour où quatre de ses frères plus jeunes venaient de mourir de diphtérie, son entraînement sportif le fit rapidement nommer sous-officier et envoyer au front. Là, il croit s'apercevoir qu'on le ménage. Il proteste : « Je suis le fils du Président de la Chambre, dit-il à son commandant devant ses camarades ; je dois marcher le premier, s'il y a une mission périlleuse à remplir. » Le premier jour il revint, sa mission bien remplie. Le deuxième jour il manqua à l'appel, et, quand l'armée serbe chassa les Autrichiens du pays qu'ils avaient envahi, on retrouva, percé de balles, le corps de votre camarade Douchan-Nikolitch.

Les plus âgés d'entre vous ont connu Pierre Javal. Entré

dans le commerce en quittant Janson, il reprenait ses livres deux ans après et entrait, en un an, quatrième à l'École Normale-Lettres. Il était convalescent d'une fièvre typhoïde sévère quand la guerre fut déclarée. Sous-lieutenant de réserve il courut au recrutement, obtint de partir pour Verdun, où on lui refusa d'abord d'aller en première ligne. Il insiste, obtient satisfaction et l'écrit à sa sœur : « Ne crois pas que j'aurais « jamais pu me résigner à demeurer dans le fond d'un dépôt à « instruire des bleus. Ce serait renier ma vie toute entière et « les plus chères aspirations de mon âme... Il faut te résigner « à cette dure pensée du péril de ton Pierrot... D'abord tout « ce qui va au feu n'est pas destiné à périr. Et puis, si quelque « chose m'arrivait, ne serait-ce pas une consolation pour ceux « qui m'aiment de penser que j'ai donné ma vie en pleine jeu- « nesse, en plein accord avec moi-même, en pleine joie de me « sacrifier pour mon pays. » — Il tombait le 14 octobre, à Marchéville à la tête de sa section « qu'il avait commandée d'une manière admirable » ont écrit ses chefs.

Henri Wehrlin, sergent à la 3e compagnie du 74e régiment d'infanterie, a disparu à Roselies, en Belgique, le 22 août. Son capitaine l'annonce en ces termes ». Nous fûmes obligés de nous « replier. J'avais autour de moi une quarantaine d'hommes. « Votre fils en était. Il ne voulait pas nous suivre. Je lui dis : « Il n'y a plus rien à faire ici. » Il me répondit : « Je ne m'en « irai jamais »; et il se précipita dans une maison. On ne le « revit plus. J'ai la conviction qu'il s'y est défendu jusqu'à la « dernière minute. C'était un héros ».

André Poussin, sous-lieutenant au 153e régiment d'infanterie, blessé grièvement sous Crevic, le 25 août, abrège sa convalescence et repart le 5 décembre. Le 18, près d'Ypres, il va, la nuit, sous un feu violent, reconnaître les tranchées qu'il doit attaquer le matin. Il n'en revient pas. Son corps est découvert cinq jours après devant la tranchée allemande, dit l'ordre de l'armée du 1er janvier. — Et son frère Maurice, lieutenant d'artillerie est cité deux fois, le 22 septembre et le 5 juin, pour les services exceptionnels qu'il a rendus à la bataille de la Marne et à Notre-Dame-de-Lorette.

Frédy de Coubertin, le 1er novembre, devant Hollebecke, fait fonctions d'interprète anglais. Il s'est aperçu que son général est resté dans la ferme d'Eckof que l'ennemi venait d'occuper. Il va le chercher avec un officier en pleine nuit. « L'officier ayant été tué et le général blessé pendant qu'ils revenaient dans les lignes françaises, il a ramené le général en le soutenant, puis est retourné, malgré la fusillade intense, chercher le corps de l'officier tué. » — Fait sous-lieutenant le 10 novembre, il est blessé mortellement le 14 à Bœsinghe (Belgique) et meurt le 16 à Malo-les-Bains.

« Jean Bouvaist, sous-lieutenant au 10ᵉ bataillon de chasseurs « se fait noblement tuer en se refusant à abandonner une tran- « chée que l'ennemi avait envahie. »

Jean Delanney nous avait quittés le 13 juillet. Il se distingue et se fait tuer héroïquement le 7 décembre, à Lihons (Somme), dans une affaire ardente à la suite de laquelle sa compagnie, la 3ᵉ du 75ᵉ régiment d'infanterie, est citée à l'ordre de l'armée en ces termes : « S'est élancée à la pointe du jour sur une « tranchée allemande, s'en empare, y fait trente prisonniers « s'y maintient malgré ses pertes sous un bombardement « d'une extrême violence. » — Le 22 août, à Saint-Dié, son frère Emmanuel déjà blessé avait réclamé l'honneur d'aller sous un feu très vif porter un renseignement à une section d'artillerie. Il avait été grièvement atteint par un obus au pied droit en revenant d'accomplir sa mission (1).

Que ne puis-je vous citer ici tous les traits héroïques qui vont rendre la lecture du Livre d'or de Janson si poignante et si forte, — vous conter la mort d'officiers comme François de la Bégassière, René Bomboy, René Boulzin, Max Clicquot de

______

(1) Les traits de camaraderie touchante abondent :

Prouvé, élève de la classe de Saint-Cyr, il y a un an, s'est engagé après avoir passé sa dernière épreuve du concours d'entrée à Saint-Cyr, avec Le Gallais et Labouret, au 113ᵉ régiment d'infanterie. Le 6 septembre, ils prennent part à l'affaire de Vilette, près de Lisle-en-Barrois, dans la Meuse, d'où les Français durent se replier. Blessé au petit doigt de la main droite, il en est tout glorieux et l'annonce à Le Gallais, qui lui répond sur le ton de la joie la plus vive : « Je suis blessé au mollet... » Au même instant, un choc à la tête le renverse. Revenu à lui et couvert de sang, il s'est remis à tirer sur les Allemands qui débouchent d'un petit bois, quand il entend Labouret dont le sang ruisselle, lui crier : « Je suis touché... Mon vieux « Prouvé je suis perdu. — Mais non, tu t'en tireras. » — « A ce moment, « continue Prouvé, Labouret dut recevoir une deuxième balle qui lui tra- « versa la poitrine. — Au revoir, mon vieux, me dit-il ; tu ne m'oublieras « pas. — Oh jamais ! — Pour la France, mon cher Robert. » — Il me répon- « dit simplement « Oui », et son coude qui soutenait sa tête, la laissa retomber.

« L'ennemi n'était plus qu'à 80 mètres ; je quittai la position le dernier, « abandonnant mon vieil ami, le désespoir au cœur. Peut-être les Allemands « l'auront-ils recueilli...

« Dites-vous bien qu'en attendant la balle qui devait me tuer et qui n'est « pas encore venue, ma dernière pensée a été pour vous. »

Mentque, Henri Contamin, Jean Cordoen, Émile Choupaut,
André Duteil, Léon Escolier, le lieutenant de vaisseau Fournier,
Robert Guillié, Arsène Laurens, François de Lestapis, Robert
de la Motte, Pierre Prioux, Jean Ribière, Paul Saudray, Paul
Feuillâtre, de Séguin-Pazzis, Henri Sciama, Anselme Tellier,
Édouard Weiss ! — de sous-officiers et de simples soldats comme
Robert Bornot, Jean Coquenhem, Paul Chérean, Reille Soult de
Dalmatie, Jean Lefebvre de Laboulaye, Robert et Paul Meyer,
Pierre Poulet, Pierre Paraf, Frédéric Thivel !...

J'aurais voulu vous dire comment le sous-lieutenant du génie
Sallandrouze le Moullec sut le 13 janvier « s'installer dans un
« élément de tranchée allemande et boucher les communications
« de l'ennemi » ; — de quelle façon Pierre Champeaux « fit his-
« ser à bras une de ses pièces de montagne en un endroit presque inaccessible à 50 mètres de l'ennemi » ; — « comment
Robert Bonnet va planter ses canons dans une tranchée à
« peine ébauchée et déjà repérée et battue par l'artillerie enne-
« mie » ; — avec quelle audace Jean Chaput continue « une
« reconnaissance au milieu d'une grêle de 150 projectiles, un
« plan de son appareil troué » ; — avec quelle présence d'esprit
Jacques Déshoulières, blessé et cerné par les Allemands, s'est
dissimulé deux jours au milieu d'eux et y a recueilli des observations qui ont permis au général commandant le corps d'armée d'entrer le premier dans Crépy ; — avec quel sang-froid
Michel Mahieu « dans la même journée, soutient trois com-
« bats aériens, refoule deux taubes dans les lignes ennemies,
« abat le troisième et gagne la croix de la Légion d'honneur » ;
— comment le sous-lieutenant Guillemin (Pierre) est tombé le
« 2 juin, au Labyrinthe, en criant à ses hommes un instant trou-
« blés : « Allons, les gars ! On ne recule pas devant l'ennemi ? »
Je voudrais pouvoir vous dire tout au long pourquoi
M. Dufumier, professeur de philosophie, a été fait adjudant, sous-
lieutenant, lieutenant et chevalier de la Légion d'honneur en
face de Metz ; — pourquoi trente-cinq de vos anciens, quelques-
uns camarades d'hier, ont été ainsi promus officiers ou faits che-
valiers ; — comment Édouard Lalande est officier de la Légion
d'honneur et colonel à 34 ans.

Mais je dois me borner et, parce que la gloire du sacrifice
est plus belle et plus haute que celle du triomphe, vous laisser
sous l'impression d'un de nos deuils les plus cruels.
Vous savez qui était Charles Halphen. Ingénieur des Arts et

Manufactures, professeur de mathématiques au collège Chaptal, demain docteur ès sciences, il était revenu comme interrogateur dans son Lycée, accueilli à bras ouverts par ses professeurs d'hier. L'Association des anciens élèves l'avait élu membre de son Bureau et choisi comme Trésorier.

Lieutenant d'artillerie de réserve au 39e régiment, il était parti dès le début de la campagne pour ce cher pays de Lorraine où il avait pris part à de grandes choses, d'où il m'écrivait régulièrement des billets alertes et pleins de cœur. Le dernier est du 14 mai. Il ne venait plus de Lorraine. « Je ne puis pas vous « dire où je suis ; mais nous avons fait du beau travail et montré « à tous que le 20e corps sait renaître de ses cendres. Je suis « fier de lui appartenir comme j'appartiens à Janson. Je vous « envoie, ainsi qu'à ceux qui vous entourent, les sentiments « les plus affectueux de mon cœur de Lorrain et de Jansonnet. »

Le 15, il était tué à Neuville-Saint-Vaast. Et voici en quels termes, le 17 mai, le médecin aide-major du premier groupe du 39e régiment d'artillerie écrit les circonstances de sa mort à Madame Georges Halphen :

« ... ; Votre fils avait acquis l'amitié de tous ses chefs et de « ses camarades, comme de ses hommes, par son courage et « son extraordinaire mépris du danger. Ses hommes, il les « soignait comme s'ils eussent été ses enfants. Dans tout le « régiment, ceux qui différaient avec lui d'opinion, l'estimaient « profondément et notre aumônier s'était lié avec lui d'une « amitié très solide, reconnaissant en lui une nature aussi loyale « que courageuse.

« Mais personne ne tenait dans sa vie une plus grande place « que sa mère. C'est d'elle qu'il parlait le plus souvent à ses « camarades, pour elle qu'il faisait tout. Il a dit plusieurs « fois : « Il me faut une citation..., pour ma mère. » Aussi, « personne ne fut étonné de le voir s'offrir le premier lors- « qu'on demanda un volontaire pour le périlleux honneur de « commander les canons des tranchées.

« Après avoir organisé lui-même sa nouvelle unité et avoir « communiqué à ses hommes un entrain que tous n'avaient « pas au début, mais que tous acquirent à son contact, il partit « gaiement au combat et fit merveille dans le magnifique assaut « du 9 mai. Il a droit à une large part dans le succès si brillant « de cette journée. Après avoir écrasé de ses bombes les « tranchées ennemies, il partit avec l'infanterie, revolver au « poing et paya de sa personne dans l'enlèvement de La Targette

« et de Neuville. Puis il s'installa dans [le village à demi-
« occupé par les Allemands, dont il continua de démolir les
« positions, maison par maison, sans se soucier du danger.
« C'est dans ce travail qu'un obus est venu le surprendre, lui
« fauchant les deux jambes et lui ouvrant un poumon.

« Il a survécu trois quarts d'heure à sa blessure, souffrant
« beaucoup. Sa première pensée fut pour sa mère: il prit du
« papier et commença à vous écrire. Cette lettre qu'il n'a pu
« achever, vous la trouverez dans les papiers qu'il avait sur
« lui et qui ont été transmis à l'autorité militaire pour vous
« être remis.

« Sa mort fut immédiatement portée à la connaissance du
« régiment par le colonel dans les termes suivants :

« Le Colonel a la douleur d'annoncer au régiment la mort du
« lieutenant Charles Halphen, tué le 15 mai, au combat de
« Neuville-Saint-Vaast: il dirigeait depuis le début de notre
« offensive l'action des canons des tranchées. Il a porté à l'en-
« nemi de rudes coups. D'une incomparable bravoure, il avait
« communiqué à ses hommes l'ardeur qui l'animait : il faisait
« l'admiration de tous : chefs, subordonnés et camarades gar-
« deront de lui le souvenir d'un noble caractère, et son
« exemple ne sera pas perdu. »

« En même temps le Colonel demandait pour celui qui avait
« si bien honoré le régiment où il servait, une citation à
« l'ordre de l'armée...

« Pour moi, je tiens à vous dire, Madame, que l'amitié liée
« avec votre fils s'est transformée en respect et en admira-
« tion devant sa mort héroïque. »

« Et je veux vous le dire aussi, le Dieu puissant dans lequel
« croyait votre fils a, je l'espère, pris auprès de lui l'âme droite
« et loyale qui s'est sacrifiée pour le devoir, et il l'a prise pour
« l'immortalité. »

Inclinons-nous devant cette simple grandeur.

Inclinons-nous, et écoutons la voix de nos morts.

Ils nous disent qu'ils ont vu, dans la nuit, les étoiles s'allu-
mer au fond du ciel et apporter à la terre, un instant émue
de crainte, la promesse de la venue du jour.

Ils nous disent que de leur sang, de leur corps, de leur âme,
ils ont fait un ciment inviolable et que la barbarie s'est arrê-
tée aux croix blanches qui marquent leurs tombes.

Ils nous disent que le droit et la justice, la vérité et la foi jurée ne sauraient périr aussi longtemps que la France sera debout.

Ils nous disent, comme Thémistocle après Salamine : « Les « dieux ne pouvaient pas souffrir qu'un seul homme devînt le « roi de l'Europe et de l'Asie et que cet homme fût l'insolent « et l'impie qui a traité, avec une égale fureur et les temples « sacrés et les habitations privées, qui a livré aux flammes « et renversé partout les images des dieux. »

Inclinons-nous aussi devant nos blessés.

> La Gloire souriante et pure,
> Admirant leur fière jeunesse,
> Vient baiser la rouge blessure
> Avec ses lèvres de déesse. (1)

Ils vous disent à leur tour qu'ils ne se sont pas battus pour que les docks d'Anvers ou de Londres, de Marseille ou de Gênes, soient mieux remplis que ceux de Hambourg, « encore « moins pour un triomphe sur un rival arrogant, mais bien « pour ce que la France représente dans le Monde »

Le Monde a besoin que la France soit éternelle.

Inclinons-nous plus bas devant les mères qui pleurent, devant les pères dont le cœur se brise, mais dont la pensée aussitôt s'élève jusqu'au sacrifice.

Dans la détresse de leur cœur, ils sentent qu'avec eux pleure le lycée, autre famille, et ils donnent un souvenir ému à la maison où s'est formée l'âme héroïque de l'enfant. A travers leurs larmes, ils voient la patrie qu'il fallait sauver, et leur deuil se voile de piété fervente et de légitime fierté.

Quel est donc ce miracle? Et d'où vient cette unanimité nouvelle qui nous portera jusqu'au triomphe après la rude épreuve?

C'est que, « tout ce qu'il y avait de sourde douleur et d'iné- « luctable espérance chez les témoins des déchirements de « 1870, tout ce que les générations suivantes avaient ressenti « de regrets étouffés, d'inquiétudes accrues, de généreuses

____

(1) Théodore de Banville: *Idylles prussiennes.*

« rancœurs, s'était mystérieusement mué en un trésor de
« virile résolution, d'absolu dévouement devant le sacri-
« fice » (1).

L'heure venue, que nous avions à la fois redoutée et espérée,
tout ce que le passé nous avait donné à admirer de grandeur
d'âme et de fidélité héroïque, d'Homère à Tacite, de Roland à
La Tour d'Auvergne, vos aînés d'hier l'ont réalisé.

Le moment venu de faire ce qu'ils avaient lu dans les livres,
ils ont enrichi le trésor où l'humanité vient puiser ses
exemples.

Vous, mes jeunes amis, héritiers directs de leurs vertus,
vous vous souviendrez. La leçon ne sera pas perdue. Vous
l'avez juré, vous aussi, vous travaillerez « d'un cœur dévot
« et pieux à notre cathédrale éternelle » (2).

---

(1) Cf. Ernest Dupuy : « Les voix anglaises, » *Revue pédagogique*, mai 1915.
(2) Cf. E. Faguet : Discours prononcé à la distribution des prix du
Lycée le 13 juillet 1913.

PERSONNEL DU GRAND LYCÉE MOBILISÉ

MM. BAUBET, archiviste surveillant d'internat, lieutenant d'infanterie;
BENASSY, sous-économe, lieutenant d'artillerie;
BLOCH Henri professeur d'allemand, officier interprète;
BLUM, — de seconde, sergent;
BONNEVIALLE, surveillant d'internat, caporal;
BOURDIN, surveillant général, sergent;
BRIZARD, professeur de physique, soldat;
CHAZALON, surveillant d'internat, soldat;
CITOLEUX professeur de troisième, soldat;
DECROZE, — de gymnastique, soldat;
DUBESSET, — de mathématiques, lieutenant d'infanterie;
DUFUNIER, prof' de philosophie, lieutenant d'infanterie;
FEIGNOUX, professeur d'anglais, officier interprète;
FOUBERT, surveillant d'internat, médecin aide-major;
GIRAUD, surveil' d'internat lieutenant de chasseurs alpins;
GOUDET, surveillant d'internat, caporal;
JOLY, professeur de physique, caporal;
JULIEN, professeur de mathématiques, sergent;
KŒSSLER, professeur d'allemand, officier interprète;
LABAT, surveillant d'internat, soldat;
LEVILLAIN, professeur d'histoire, caporal;
LHERMITTE, professeur de mathématiques, sergent;
MONTEL, surveillant d'internat, caporal;
PALOUS, surveil' d'internat, sous-lieutenant de dragons;
PICHON, professeur de troisième, adjudant d'infanterie;
PIGEON, surveillant d'internat, soldat;
PRUGNARD, surveillant d'internat, soldat;
ROSSFELDER, professeur de dessin géométrique, lieutenant d'infanterie;
ROUMIER, surveillant d'internat, soldat;
SCHLIENGER, professeur d'allemand, officier interprète;
SIMONET, surveillant d'internat, maréchal des logis d'artillerie;
VIGNOLLES, prof' d'anglais, maréchal des logis fourrier;
WARIN, surveillant d'internat, soldat.

DISCOURS

PRONONCÉ

par M. Lucien POINCARÉ,

**Directeur de l'Enseignement supérieur,
Président.**

Dans le temps qui n'est pas encore très éloigné mais que vous n'avez pas connu, mes amis, où existait un concours général entre les établissements d'enseignement secondaire de Paris, au début de la cérémonie de la distribution des prix de chaque lycée, le Proviseur se levait et donnait connaissance, souvent avec un légitime orgueil, parfois avec une modestie un peu contrainte, des succès remportés la veille au concours par ses plus brillants élèves.

C'est aussi un palmarès que vient de présenter avec un commentaire d'une haute éloquence votre très distingué et très aimable Proviseur, mais combien elle nous est apparue, cette liste glorieuse, plus riche en émotion, plus élevée en noblesse. Dans ces luttes sublimes où les anciens élèves et les plus grands des élèves de nos lycées ont superbement montré que les fils de la vieille Université étaient dignes des enseignements qu'ils avaient reçus, les Jansonnets ont été des héros entre les héros. Sur cette maison encore récemment édifiée qui, comme le rappelait tout à l'heure M. Chacornac, manquait nécessairement d'aïeux et de longues traditions, vos jeunes anciens, vos camarades d'hier, viennent d'inscrire avec leur sang généreux, d'impérissables titres à la reconnaissance du pays.

Les citations à l'ordre, les décorations, les promotions si justement accordées à vos aînés peuvent vous remplir d'un légitime orgueil et si, dans ce jour, le souvenir des deuils cruels que vous avez éprouvés se présente naturellement à vos esprits avec une force particulière, vous devez considérer que ceux qui ont été grands dans leur courte vie parce qu'ils n'ont pas reculé devant la mort, ceux qui sont tombés glorieusement et sans regrets pour la Patrie, veulent que leurs cadets parlent d'eux avec une virile fierté. Il vous faut penser à eux, il convient que leur mémoire soit par vous toujours et fidèlement conservée, mais élevez vos cœurs à la hauteur où étaient placés les leurs et, songeant à la France éternelle pour qui ils ont offert leur radieuse jeunesse, puisez dans leur exemple une infatigable énergie de la volonté, et chassez toute idée de découragement ou de faiblesse.

Un certain nombre d'entre vous vont, mes amis, partir dans quelques jours pour l'armée. Ils sont prêts, ils se sont entraînés physiquement par des exercices habilement conduits, et les leçons qu'ils ont reçues de maîtres éminents et ardemment patriotes ont assuré chez eux une haute préparation morale. Bientôt ils seront des soldats, avec tout ce que ce mot aimé comporte de grand et d'héroïque ; ils seront des soldats français, c'est-à-dire ceux qui au courage et à l'entrain savent joindre la ténacité et la patience, ceux qui ont une générosité égale à leur ardeur, ceux qui ne pillent pas, qui n'égorgent pas les innocents, qui ne violentent pas les femmes et les enfants, ceux qui combattent avec des armes loyales. Ils seront les artisans de la victoire définitive du droit et de la justice ; grâce à eux triomphera pour toujours de l'odieuse barbarie organisée, la douce et humaine culture, conforme à nos traditions nationales, héritée des grecs et des latins, transmise pieusement par nos pères, enrichie par eux de grâce et de force, de clarté et de méthode, cette immortelle culture classique dont vous avez reçu ici les éléments essentiels et les principes nécessaires.

Au revoir, mes amis, revenez-nous bientôt mûris par l'expérience, en quelque sorte sanctifiés par les épreuves que vous aurez traversées, revenez dans un monde apaisé, prendre la place qui vous est due, la première et la plus honorée !

Mais la plupart de ceux qui m'écoutent sont encore trop jeunes pour porter les armes. Ceux-ci, je le sais, ont besoin d'être consolés ; ils voudraient, eux aussi, voler au secours de leur mère traîtreusement attaquée.

> O rage, ô désespoir, ô *jeunesse* ennemie!

leur bras est encore trop faible pour tenir le glaive vengeur. Qu'ils réfléchissent qu'ils ont cependant un noble devoir à remplir, moins éclatant sans doute, moins passionnant, mais méritoire par là même qu'il n'est pas celui auquel les porterait tout d'abord leur ardeur.

Il leur faut, alors qu'ils voudraient être des hommes, rester des écoliers, des écoliers qui ont certes le droit de jouer et de rire, mais qui ont l'obligation d'être souvent sérieux et graves parce qu'ils vivent dans des moments tragiques et qu'ils comprennent que leurs parents ont besoin d'être entourés aujourd'hui d'une affection plus discrète et plus délicate. Il appartient à ceux qui sont restés à la maison d'apaiser la douleur causée par l'absence des êtres chers éloignés du foyer ; ce sont, aujourd'hui, les plus petits qui doivent par leur ingénieuse tendresse soutenir le courage des mamans, consolider la fermeté des pères quand une mauvaise nouvelle vient un instant ébranler la confiance et diminuer les espérances.

Il vous faut aussi, mes amis, écouter la grande voix de la guerre, profiter des hauts enseignements qu'elle apporte. Ouvrez largement les fenêtres de vos classes, laissez pénétrer le grand souffle d'héroïsme et de concorde qui vous vient des tranchées. A vos maîtres ordinaires, se joignent, aujourd'hui, de nouveaux et éloquents professeurs. Entendez les conseils que vous adressent vos grands frères : ils proclament que le succès ne récompense que l'effort, ils vous disent que l'activité et le dévouement sont le véritable but de la vie et le véritable bien. Voyez ces femmes admirables qui, à côté de vous, dans la moitié de ce grand lycée qui vous était autrefois tout entier consacré, entourent nos glorieux blessés de soins attentifs, ce sont vos professeurs de pitié et d'amour fraternel ; voyez ce maître, aimé entre tous, qui, apprenant au cours d'une des leçons qu'il vous donne avec tant d'autorité, la disparition d'un fils chéri, orgueil de la maison, à qui souriait l'avenir, continue, malgré le désespoir le plus poignant, sa tranquille et noble tâche ; c'est votre professeur d'histoire à l'ordinaire, mais, ce jour-là, il fut votre professeur de stoïcisme. Pensez à tous ces autres hommes éminents qui consacrent leur science à votre instruction ; les uns sont partis avec leurs élèves ; d'un cœur tranquille ils ont quitté leurs chaires et, là-bas, sur la ligne de feu, vaillamment ils font face à l'ennemi ; les autres, trop âgés, multiplient ici leurs efforts ; à leurs occupations professionnelles accrues par la nécessité de suppléer les absents, ils ajoutent, avec joie, des besognes très utiles bien que très obscures ; ils s'emploient dans les hôpitaux, dans les mairies, ils servent la

Patrie eux aussi avec zèle et ténacité ; ils vous enseignent habi-
tuellement les lettres ou les sciences, les langues vivantes ou
les langues mortes, aujourd'hui ils vous apprennent le dévouement et la modestie.

Je voudrais, chers élèves, que tous ces souvenirs qui s'accu-
mulent dans vos esprits y restassent à jamais gravés ; ils seront
dans votre vie vos guides les plus sûrs et les plus dignes. Pour
que l'empreinte soit ineffaçable, il convient que l'impression
ait été profonde et j'aimerais que vos parents profitassent des
vacances pour vous permettre des vues directes qui ne sont
pas à redouter pour vos jeunes fermetés. Visitez les mutilés,
portez-leur le réconfort de votre aimable gaieté ; si vous le
pouvez, rendez-vous dans quelqu'un de ces villages ravagés
par le passage des hordes sauvages. Imprégnez-vous de l'horreur
de tant de ruines, ressentez profondément une juste colère
qui, jamais, ne sera oubliée. Mais regardez aussi ce paysan
laborieux, cet humble et sublime artisan qui, à côté de sa
maison abolie, reprend silencieusement, courageusement, son
labeur paisible, et prépare, avec une foi inébranlable, les justes
réparations de l'avenir.

Voilà certes, chers enfants, de grandes leçons que vous
pouvez aisément recevoir, mais elles sont nécessaires car vous
aurez dans la Patrie victorieuse un rôle formidable à remplir.
Vous êtes la génération qui devra refaire la France ; notre
mère commune sortira de la lutte agrandie, triomphante, mais
forcément affaiblie par tant de sang versé. Il vous appartiendra, à vous les jeunes, de l'entourer, de travailler pour elle,
d'assurer par votre amour et par votre actif dévouement la
continuation de ses destinées glorieuses.

Dans tous les modes de l'activité humaine, il sera nécessaire
d'apporter l'intelligence la plus vive, la volonté la plus tenace.
Commerce, industrie, sciences et arts devront renaître, se
rajeunir, s'adapter aux conditions nouvelles créées par le
succès de nos armées ; une carrière sans bornes s'étend
devant vous, mes jeunes amis. Que de fécondes occupations,
quel remaniement de toutes nos idées, de tous nos sentiments !
Heureux les ouvriers qui ne manqueront pas pour cette œuvre
si grande et qui mériteront plus tard une reconnaissance
presque égale à celle qu'auront méritée les sauveurs de la
Patrie.

A vous, mes amis, de conquérir cette autre gloire d'avoir
organisé les profits de la victoire. Vous y arriverez par cette

union qui aura assuré notre supériorité dans la guerre et qui doit subsister dans la paix; vous n'êtes pas esclaves des préjugés qui nous ont opprimés, des habitudes dont il nous est difficile de nous débarrasser. Mieux que nous, plus que nous, vous sentez le besoin de concorde, le devoir de solidarité. Je me rappelle, parmi les belles pensées que nous citait tout à l'heure M. le Proviseur, cette ligne extraite d'une lettre simple et sublime écrite par un ouvrier préoccupé des questions sociales; il disait, ce modeste serviteur du pays, s'adressant aux jeunes lettrés favorisés par la vie : « Après la guerre on pourra s'entendre. » A mon tour, je reprends cette phrase, mais de cette espérance je fais une obligation et je dis : « Il faudra s'entendre. » Oui, mes amis, tous les Français auront de la même âme accompli la même tâche; ils auront couru des dangers pareils, ils se seront appuyés fraternellement les uns sur les autres; les barrières artificielles sont abattues, vous ne les relèverez pas. Vous irez vers ceux qui sont moins bien traités que vous par les hasards de la Fortune, vous leur tendrez une main loyale, et connaissant mieux leurs vertus, la grandeur de leurs sentiments, vous leur demanderez de travailler avec eux en frères et en amis, à cette cathédrale éternelle dont parlait M. Chacornac après M. Faguet.

D'autres devoirs vous réclameront encore; il en est qui ne laisseront pas que d'être plus aisés. J'estime qu'il vous appartiendra de refaire la gaieté française, parure de notre race, ornement de sa force; nous autres, les vieux de demain, nous resterons, même dans le triomphe, graves et tristes; nous n'avons plus l'élasticité nécessaire pour reprendre, après l'orage, l'attitude droite et aisée. Vous n'oublierez rien non plus, vous les jeunes, des tristesses d'aujourd'hui; elles vous imposeront plus de mesure, plus de décence, mais elles ne sauraient vous interdire de retrouver tous les bonheurs et toutes les joies.

Il vous sera certainement très agréable aussi de payer largement et avec enthousiasme la grande dette que vous avez contractée à l'égard de ceux qui se sont battus pour vous; aux mutilés, aux infirmes, vous apporterez le secours de votre amour fraternel. Un jour viendra où les témoins des luttes épiques se feront rares, d'autres hommes seront nés qui n'auront pas vu la grande guerre; l'indifférence certes ne remplacera pas la reconnaissance à laquelle auront toujours droit les victimes, mais il sera bon que ceux qui auront un souvenir personnel, rappellent par leur exemple, par leur actif dévouement, de quelle tendre piété doivent être entourés les chers blessés dont l'héroïsme nous a sauvés.

Vous parlerai-je enfin du grand, du plus grand devoir que l'avenir pourrait un jour vous demander de remplir. Certes nous espérons bien que votre génération ne connaîtra plus qu'une vie de travail dans une paix sans trouble ; mais, me rappelant le superbe serment de Démosthène, j'affirme que si notre pays, comme autrefois Athènes, avait à craindre de nouveau l'ambition de quelque tyran étranger, vous sauriez affronter hautement les périls pour la liberté et le salut de tous; j'en jure par ceux de vos frères qui sont tombés en Lorraine ou dans le Nord, à l'avant-garde de la France, par ceux qui se sont rangés en bataille dans les plaines de la Marne, par ceux qui ont combattu sur mer dans les Dardanelles ou dans l'Adriatique, par tant d'autres héros qui reposent dans la terre de nos aïeux.

LYCÉE JANSON DE SAILLY

DISTRIBUTION DES PRIX

LIVRE D'OR

Elèves et anciens Elèves du Lycée
Morts pour la Patrie, Disparus, Blessés,
Décorés ou Cités
à la date du 13 juillet 1915.

I. — MORTS POUR LA PATRIE

AGUILLON, Louis, caporal au 7e génie. Tué à Biedersdorff aux environs de Dieuze (Lorraine), le 20 août, d'une balle au front.

AMOS, Jacques. Tué le 22 mai aux Éparges.

AMIOT, Philippe, lieutenant d'artillerie. Tué à l'ennemi à Vailly.

ARAU, Noël, soldat au 171e régiment d'infanterie, avocat à la Cour d'appel. Tué à 21 ans le 17 mai 1915 au bois d'Ailly, à l'assaut et à la prise de tranchées ennemies.

ASLAN, Boris, né à Sofia le 17 août 1893, engagé volontaire dans l'armée française. Tué.

AZÉMA, Georges, soldat au 87e régiment d'infanterie. Blessé aux Éparges le 15 avril 1915. Mort à Verdun le 16.

BAGUENIER-DÉSORMAUX, Jacques, caporal. Tué le 22 août 1914 au combat de Neufchâteau (Belgique).

BARD, Édouard, sergent. Tué le 23 août 1914 à la bataille de Charleroi.

BAUBET, Victor-Baptiste, lieutenant au 98e régiment d'infanterie, surveillant d'internat. A reçu une balle dans l'œil droit à Carlepont (Oise), le 18 septembre. Mort à Paris le 26 septembre.

BESSE, soldat. Tué.

BILLIEZ, Paul, lieutenant au 30ᵉ régiment d'artillerie, blessé au combat du 30 août à L'Échelle-Saint-Aurin (Somme). Décédé le 5 octobre à Amiens, des suites de ses blessures.

De BLIVES, Roger, maréchal des logis d'artillerie. Cité. Tué à Loos le 9 mai 1915.

BOMBOY, Marcel, élève-officier de réserve. Mort à l'hôpital de pleuropneumonie.

BOMBOY, René, lieutenant au 350ᵉ d'infanterie. Tué à l'ennemi le 7 septembre 1914 au combat d'Étrépilly. Cité : « Après avoir mené vigoureusement sa section au combat, a assuré la retraite de deux compagnies engagées le 2 septembre. A été blessé mortellement en entraînant ses hommes ».

BOREL, Jean, sergent. Tué le 20 octobre 1914 dans un combat en Picardie.

BOREL, Paul, médecin auxiliaire. Tué le 9 octobre 1914 à Bully-les-Mines.

BORNOT, Robert, brigadier au 3ᵉ régiment de cuirassiers. Parti seul, sur sa demande, en reconnaissance près de Cortemarck (Belgique), il tomba dans les lignes ennemies grièvement blessé le 18 octobre et succomba à ses blessures le 15 novembre.

BOUCHACOURT, Joseph, sous-lieutenant au 27ᵉ régiment d'artillerie. Tué le 8 septembre 1914 à Marcilly, près Meaux.

BOULZIN, René, capitaine au 162ᵉ régiment d'infanterie. Tué près d'Ypres (Belgique) le 10 décembre 1914.

BOURCERET, Frédéric, sergent. Tué le 9 octobre 1914 dans la forêt d'Argonne.

BOURDÉ, Georges, sous-lieutenant au 1er régiment du génie, élève ingénieur. Cité. Mort de ses blessures le 1er juin 1915.

De **BOUSIGNAC**, Maurice, sergent au 69e régiment d'infanterie. Cité: « Au cours d'une charge à la baïonnette a entraîné sa section avec la plus grande bravoure : a été tué en arrivant le premier sur les fils de fer précédant la tranchée ».

BOUVAIST, Jean, sous-lieutenant au 10e bataillon de chasseurs à pied. Tué à Notre-Dame-de-Lorette. Cité : « Tout jeune officier arrivé au bataillon depuis deux mois ; avait su montrer en toutes circonstances, sous le feu, les plus belles qualités de courage, d'énergie et de sang-froid ; le 3 mars s'est fait noblement tuer à la tête d'un groupe de chasseurs en se refusant à abandonner une tranchée que l'ennemi avait envahie ».

BRAUSTEIN, Pierre. Tué à l'ennemi. Cité.

BRÉMARD, Henry, soldat au 353e régiment d'infanterie, Tué le 22 juin 1915 au bois Le Prêtre.

BRET, André, caporal au 14e régiment d'infanterie. Tué à Souchez le 26 mai 1915.

De **BRETEUIL**. Tué à l'ennemi.

BRISSON, André, maréchal des logis. Tué le 4 septembre 1914 à la retraite de la Marne.

BRODU, Robert, soldat. Tué le 17 décembre 1914 à Suzanne (Picardie).

BROT, Pierre, aspirant du 39e régiment d'artillerie. Cité : « Pendant plusieurs mois de campagne, a rendu les plus grands services en assurant, avec un mépris complet du danger, la liaison avec l'infanterie. S'est distingué au combat du 9 mai, en donnant, d'un observatoire très exposé, à proximité immédiate de l'ennemi, des renseignements précieux pour la conduite du tir. » A été tué le 18 mai 1915.

BUDIN, Louis, sergent au 51e régiment d'infanterie. Tué le 27 avril 1915, tranchée de Calonne, en allant secourir un blessé.

BURGUN, Achille, sous-lieutenant au 39e régiment d'infanterie. Tué le 16 février 1915 dans le combat du bois de Luxembourg. Cité : « Blessé en entraînant sa section à l'assaut, en a conservé le commandement jusqu'au moment où il est tombé mortellement frappé ».

CAILLET, Jacques, sous-lieutenant. Tué en septembre 1914.

CARCASSONNE, Henry, sergent au 99e régiment d'infanterie. Blessé le 11 février 1915 par une bombe à Proyat, transporté à Harbonnières (Somme), il y est mort le lendemain.

CASENAVE, Constantin, brigadier au 23e régiment de dragons. Tué dans un combat en Belgique le 20 octobre. Avait été cité deux fois et proposé pour la Médaille militaire.

CASIMIR-PÉRIER, Claude, capitaine. Tué à l'ennemi. Cité.

CASSAGNADE, André, maréchal des logis au 13e régiment de hussards. Tué à la bataille de la

Marne, le 10 septembre 1914. Cité : « Dans diverses missions, avait fait preuve de courage et même d'audace ».

CHARLON, Jean, soldat au 13e bataillon de chasseurs alpins. Tué à l'ennemi le 3 septembre 1914 au combat de La Tête-de-Béhouille (Vosges).

CHARPENTIER, Robert, sous-lieutenant au 172e régiment d'infanterie à Belfort. Cité : « A été grièvement blessé le 2 octobre 1914 en se portant à l'attaque à la tête de sa section. Est mort des suites de sa blessure ».

CHAVANES, Marcel, caporal. Tué en septembre 1914 à Puisieux (Pas-de-Calais).

CHÉDEVILLE, lieutenant de vaisseau. Tué aux Dardanelles.

CHELLI, Émile, soldat. Tué à Limey, près Pont-à-Mousson, le 22 septembre 1914.

CHÉREAU, Paul, caporal au 51e régiment d'infanterie. Tué à Beauséjour le 22 février, dans une charge à la baïonnette.

CHOUPAUT, Émile, lieutenant au 32e régiment d'infanterie. Tué le 13 novembre 1914 à Zonnebeke en entraînant bravement sa compagnie à l'assaut des tranchées allemandes. Cité.

CHRISTOPHLE, Albert, lieutenant. Tué le 21 décembre 1914 près de Souain.

CLARA, Maurice, sous-lieutenant. Blessé le 16 mars 1915, aux environs de Beauséjour. Succombait le 18 à sa blessure.

CLICQUOT de MENTQUE, Max, aspirant au 11e dragons. Cité : « Le 10 octobre, au cours d'une attaque à pied, a mené une section de territoriaux avec la dernière énergie sous un feu très violent. Avait fait preuve, au cours de la campagne, d'une vigeur peu commune ». A été tué à Mouchy-au-Bois.

CONTAMIN, Henri, lieutenant au 236e de ligne. Cité : « Chargé le 17 décembre 1914 d'une attaque de nuit, est parti avec un magnifique élan, a réussi à franchir la première tranchée allemande, puis a vaillamment lutté contre une contre-attaque ennemie supérieure en nombre. » A été tué.

COQUENHEM, Jacques, caporal au 54e régiment d'infanterie. Tué le 11 septembre 1914 à Freidos (Meuse).

CORDOEN, Jean, sous-lieutenant au 26e bataillon de chasseurs à pied. Cité : « A fait preuve de beaucoup d'énergie, le 22 août, en chargeant à la tête de sa section sur la lisière d'un bois, d'où il a chassé les Allemands. A montré constamment beaucoup de sang-froid et de courage ; le 6 septembre a été blessé très grièvement. » Décédé le 16 mars 1915 des suites de ses blessures.

De COUBERTIN, Frédy, sous-lieutenant au 1er dragons. Blessé le 14 novembre à Ypres. Décédé à l'ambulance de Malo-les-Bains le 16 novembre.

COULON, Jean-Louis, lieutenant d'artillerie. Tué à l'ennemi.

CRÉMIEUX, Lucien, sous-lieutenant d'artillerie. Blessé grièvement à Craonne. Décédé à l'hôpital Pasteur à Neuilly, des suites de ses blessures.

DAUTZENBERG, Charles, soldat. Tué le 11 mai 1915 au Mont-Saint-Éloi.

DAVID, Paul, professeur de philosophie à Angoulême. Tué.

DAVID, Maxime, professeur de philosophie à Chartres. Tué.

DELANNEY, Jean, soldat au 75ᵉ régiment d'infanterie. Tué à l'assaut de la tranchée du Pommier, à Lihons (Somme), le 17 décembre 1914.

DELOISON, Roger, sergent au 30ᵉ régiment d'infanterie. Tué à Souchez le 22 juin 1915.

DELOULE, Marcel. Tué près de Ville-sur-Tourbe le 15 juin 1915.

DELPÉRIER, Albert, caporal au 87ᵉ régiment d'infanterie. Cité : « Blessé le 23 mai 1915 aux Éparges. Décédé le 30 mai à l'ambulance de Verdun.

DELTON, Jean, maréchal des logis chef au 13ᵉ dragons. Tué à l'ennemi le 19 octobre 1914 en protégeant la retraite de son peloton à Hooglède (Belgique).

DENIORT, Marcel, sous-officier au 11ᵉ bataillon de chasseurs alpins. Blessé en Alsace le 19 février 1915. Décédé à l'hôpital de Gérardmer le 26 février des suites de ses blessures.

DESROUSSEAUX de MÉDRANO, Henri, sous-lieutenent. Tué.

DOUCHAN-NIKOLITCH, sous-officier de l'armée serbe. Tombé à 20 ans, à la bataille du Tser, dans une mission périlleuse qu'il avait demandée.

DOUMER, André, lieutenant au 8ᵉ régiment d'artillerie. Cité : « A toujours fait preuve de la plus grande bravoure. A été blessé mortellement le 24 septembre 1914 en s'approchant d'une crête située en avant de son poste d'observation pour essayer de découvrir une batterie ennemie qui bombardait sa position ».

DREVON, André, sous-lieutenant. Mort.

DROUOT, Paul. Tué à l'ennemi.

Du BOS, René. Tué aux environs de Cormicy le 20 septembre 1914.

Du BUIT, Marcel, sous-lieutenant. Tué le 11 janvier 1915 à Hermonville (Marne).

DUTEIL, André, sous-lieutenant au 67ᵉ régiment d'infanterie. Tué au combat de Beauzé-sur-Aire (Meuse) le 6 septembre 1914. Cité : « A été tué au moment où, ayant pris le commandement de sa compagnie, le capitaine ayant été blessé, il la portait en avant pour contre-attaquer l'ennemi ».

ECKNAYAN, Aram. Tué à l'ennemi.

ELBY, Maurice. Tué.

ESCOLIER, Léon, sous-lieutenant au 166ᵉ régiment d'infanterie. Tombé, le 27 mars à l'attaque de la tranchée allemande de Marcheville au moment où, sur le parapet de cette tranchée, il criait aux « grenadiers » d'avancer. Proposé pour une citation.

ESMANGARD, Maurice, sergent. Tué le 22 août 1914 à Cons-la-Grandville.

FENARD, Jean. Blessé au combat de la Marne le

9 septembre 1914. Décédé des suites de ses blessures le 17 septembre à l'ambulance de Bagnères-de-Luchon.

FEUILLATRE, Paul-Benjamin, lieutenant au 356⁰ régiment d'infanterie. Tué le 22 septembre 1914 au combat de Lérouville (Meurthe-et-Moselle).

De FONTENAILLES, Jacques, caporal. Tué le 8 septembre 1914 à Fère-Champenoise.

FOURIER de BACOURT, Pierre, sous-lieutenant au 42⁰ régiment d'infanterie. Tué à Habsheim (Alsace), le 9 août 1914.

FOURNIER, lieutenant de vaisseau commandant le sous-marin *Saphir*. « Les sous-marins *Curie* et *Saphir*, tombés glorieusement au champ d'honneur, sont portés à l'ordre du jour de l'armée navale. Dans son affliction d'avoir vu succomber d'aussi vaillants serviteurs du pays, le Commandant en chef rappelle à tous combien l'armée doit être fière d'avoir, dans ses rangs, des officiers et des équipages capables d'actions aussi héroïques que celles qui ont été accomplies par ces deux valeureux bâtiments, dont les noms resteront gravés dans nos fastes maritimes. Honneur et gloire aux officiers et aux équipages du *Curie* et du *Saphir* : Ils ont bien mérité de la Patrie ». DE LAPEYRÈRE.

GALLAND, chef de bataillon. Tué à Arras le 16 octobre 1914.

GARACHNINE, Boleslas, lieutenant serbe. Tué à la bataille du Tser (15-19 août). « Garachnine est mort en héros.., blessé aux deux bras, il est resté à son poste refusant de gagner l'ambulance ». A été tué à cent pas de la première batterie ennemie.

GILBRIN, Paul. Tué à l'ennemi.

GIRARDIN. Tué.

GIRAUD, Léon-Bernardin, lieutenant au 22ᵉ bataillon de chasseurs alpins, surveillant d'internat. Blessé le 26 août aux environs de Saint-Dié. Mort le 8 septembre des suites de sa blessure.

GIRODIAS, Maurice. Tué à l'assaut de Vauquois le 1ᵉʳ mars 1915.

GOMAUT, Jacques, sergent, tué le 11 octobre 1914 à Foncquevillers (Pas-de-Calais).

De GRASSET, Emmanuel, brigadier au 11ᵉ hussards. Mort dans l'Argonne le 11 octobre 1914.

GROSSELIN, Robert, sous-lieutenant au 161ᵉ régiment d'infanterie. Tué le 29 janvier 1915 au bois de La Grurie. Cité : « Jeune officier d'une grande bravoure et d'un calme superbe au feu. A été tué d'une balle au front en entraînant héroïquement ses hommes à la baïonnette, contre des tirailleurs ennemis embusqués autour de lui derrière des arbres ».

GUILLEMIN, Georges, sous-lieutenant au 22ᵉ régiment d'artillerie. Trois fois cité. Blessé le 18 septembre à la bataille de Pouillon (Marne). Décédé à l'hôpital militaire de Conflans-Charenton, le 22 septembre.

GUILLEMIN, Pierre, sous-lieutenant au 224ᵉ régiment d'infanterie. Deux fois cité : 1° « Chargé depuis le commencement de décembre 1914 de diriger et de surveiller les travaux d'organisation défensive des secteurs Vaux-Farguy, s'est acquitté de cette tâche toujours périlleuse avec un dévouement et une compétence remarquables que les dangers ne ralentissaient pas. A été blessé par un éclat d'obus pendant l'accomplissement de sa mission. » 2° « A entraîné avec le plus grand courage sa compagnie à l'attaque du Labyrinthe jetant lui même des grenades sur l'ennemi. A été tué après avoir crié à ses hommes qui se repliaient: « Allons, les gars, on ne recule pas devant l'ennemi ».

GUILLIC, Robert, sous-lieutenant au 46° régiment d'artillerie. Cité : « A assuré pendant plusieurs jours le service d'observateur d'artillerie aux tranchées de première ligne avec le plus grand calme et le plus grand sang-froid. » A été tué le 5 mai aux tranchées de Calonne.

HACHETTE, Robert, sous-lieutenant. Tué le 7 septembre 1914 à Pretz-en Argonne.

HALPHEN, Charles, lieutenant au 39° régiment d'artillerie. Cité : « Commandant une section de canons de tranchées, a montré dans ce poste dangereux qu'il avait sollicité comme une faveur, une incomparable bravoure, communiquant à ses hommes l'ardeur qui l'animait et faisant l'admiration de tous. Tombé mortellement au moment où il portait à l'ennemi les plus rudes coups ».

HAYOT, Ernest. Tué.

HÉLY d'OISSEL, François, sapeur aviateur. Mort en service commandé le 3 juin 1915 à Dijon.

HERVIEU, Henri, lieutenant au 5° régiment de chasseurs à cheval, tué le 10 novembre à Langemarck. Cité : « A tenu dans les tranchées, constamment menacées de jour et de nuit, pendant 48 heures, soutenant sa troupe par son énergie et son endurance. A montré toutes les qualités du chef ».

HERTZ, Robert, sous-lieutenant au 330e régiment d'infanterie, agrégé de l'Université. Tué à la tête de sa section le 13 avril à Marcheville (Éparges).

HOLTZAPFFEL, Jacques, lieutenant au 50e régiment d'artillerie, observateur à l'escadrille *M. F. 32.* Tué le... août 1914 à Laigny, près Vervins. Cité : « Au cours des vols exécutés les 29, 30, 31 mars, a eu son avion atteint par de nombreux projectiles ennemis, n'en a pas moins continué ses observations. En toutes circonstances s'est parfaitement et complètement acquitté des missions aériennes qui lui étaient confiées. » Proposé pour la Légion d'honneur.

HUGUES-OLIVER, Jacques, brigadier au 50e régiment d'artillerie. A été tué le 29 avril, dans l'Argonne en portant des ordres sous le feu de l'ennemi. Cité.

HUGUENIN, Ulrich, lieutenant, adjoint au colonel du 6e régiment colonial mixte de marche (corps expéditionnaire d'Orient). Tué le 2 mai 1915, presqu'île de Gallipoli. Cité : « Après s'être prodigué dans cette rencontre comme dans les précédentes avec sa belle bravoure et son entier dévouement est tombé glorieusement en allant exécuter une reconnaissance à l'extrême gauche de la ligne. » Fait chevalier de la Légion d'honneur : « A fait preuve aux combats des 25 et 26 avril 1915 d'une bravoure et d'un dévouement admirables, portant nuit et jour les ordres aux endroits les plus périlleux avec une crânerie qui a fait l'admiration de tous ».

HUMANN, Henri, sous-officier de dragons. Tué à Saint-Pol.

JACOB, Raymond, sous-lieutenant au 128e régiment d'infanterie. Blessé grièvement à Beauséjour le 6 mars 1915 et mort le 7 des suites de sa blessure.

JANIN, Pierre, soldat. Blessé près de Soissons. mort à Paris le 8 octobre 1914.

JAVAL, Pierre, sous-lieutenant au 164e régiment d'infanterie. Tué le 14 octobre 1914 à Marcheville. Cité : « A été tué à la tête de sa section au moment où il l'entraînait avec une grande énergie, à l'attaque des tranchées de Marcheville ».

JONES, Frédéric. Décédé à Versailles, de pneumonie.

KIEFE, Oscar. Tué.

KREISS, André. Tué le 20 juin 1915 près des Éparges.

De La BÉGASSIÈRE, François, capitaine de dragons (service d'état-major). Tué le 19 septembre 1914 à Peuilly, près Vermand (Aisne). Cité : « A toujours rempli, bien que manchot, avec le plus grand dévoûment, les missions souvent périlleuses qui lui ont été confiées ; le 19 septembre, l'état-major du corps de cavalerie se trouvant exposé à une vive fusillade, a été tué en s'efforçant de porter secours à son chef le général Bridoux ».

LACHASSE, Jean. Tué.

LACHASSE. Tué.

De la LOYÈRE, Georges, sous-lieutenant. Tué.

De la MOTTE, Philippe-Robert, lieutenant au 6e régiment de dragons. Nommé sur sa demande au

84e régiment d'infanterie. Tué le 14 avril 1915 à Hennemont (Meuse), près des Éparges. Cité : « Officier d'une bravoure et d'un allant au dessus de tout éloge. S'est distingué dans toutes les missions qui lui ont été confiées. Ayant demandé à passer dans l'infanterie, a été tué à la tête de sa section ».

De LANGSDORFF, Alain, sergent. Tué fin septembre 1914 en Argonne.

LANTZ, Robert, soldat au 120e régiment d'infanterie. Mort à l'hôpital militaire de Verdun, le 12 mai, d'une maladie contractée dans les tranchées.

De LARMINAT, André, caporal du génie. Grièvement blessé le 28 février au combat de Beauséjour, mort de ses blessures le 27 mars 1914 à Paris.

LAURENS, Arsène, capitaine au 28e régiment d'infanterie. Tué le 28 août 1914 à Guise.

LEFEBVRE de LA BOULAYE, Jean, caporal au 28e régiment d'infanterie. Tué le 12 décembre 1914 à Berry-au-Bac.

LE ROY, André, sous-lieutenant au 20e bataillon de chasseurs à pied. Tué le 22 juin 1915 à Notre-Dame-de-Lorette.

LE ROY d'ÉTIOLLES, Gaston. Blessé mortellement à Vic-sur-Aisne le 17 septembre et mort à l'hôpital de Dinard le 20.

De LESTAPIS, François, sous-lieutenant. Tué le 11 septembre 1914 à Laversine (Aisne).

Le VASSEUR, Robert. Tué.

LORION, adjudant au 305e régiment d'infanterie

professeur. Cité : « Chargé de porter sa section dans un entonnoir formé par une mine à quelques mètres de la tranchée allemande, a fait preuve d'un courage exemplaire. Est tombé mortellement frappé après avoir rempli la mission qui lui était confiée.

LUGAGNE, Charles. Blessé mortellement et décédé dans une ambulance allemande.

MAINGUENAUD. Tué.

MALAFOSSE, Roger, sous-lieutenant au 80e régiment d'infanterie. Tué le 25 mai. Deux fois cité.

MANONCOURT. Tué.

De MARSAY, Pierre, brigadier. Tué le 25 septembre 1914.

MARTEL de JANVILLE, Geoffroy, caporal au 131e régiment d'infanterie. Cité : « Brave jusqu'à la témérité, a rendu de très grands services par ses reconnaissances approfondies des travaux de défense allemands devant Vauquois ; puis par la destruction, au moyen d'une cisaille, des réseaux de fil de fer, afin de permettre le passage de l'infanterie. A été blessé mortellement dans l'accomplissement de cette dernière mission ».

MATHIEU, Marcel, agent de liaison au 24e régiment d'infanterie. Tué le 25 mai 1915 à Notre-Dame-de-Lorette.

MAYER, Pierre, soldat au   e régiment d'infanterie. Tué le 28 mai 1915, en Argonne.

MAYER, Paul, sergent au 354e régiment d'infanterie. Tué à Fontaine-les-Corps-Nuds (Oise), le 2 septembre 1914.

MAYER, Raymond, sergent au 223e régiment d'infanterie. Tué à Maricourt (Somme), le 27 octobre 1914.

MÉNARD, Henri. Tué.

MEYER-HEINE, Jean, maréchal des logis au 31e régiment d'artillerie. Méningite cérébro-spinale: Décédé à l'hôpital militaire du Mans, le 15 février 1915.

MISSOFFE, Jean, lieutenant au 106e régiment d'infanterie. Grièvement blessé le 23 août 1914, près de Virton; reparti au front et frappé aux Éparges le 20 février, est décédé le 21 à Verdun. Cité : « A fait preuve, à la tête d'une compagnie, de brillantes qualités de commandement ; s'est particulièrement distingué au cours d'attaques, par son sang-froid, sa ferme volonté et sa bravoure. Blessé mortellement, le 20 février 1915, en entraînant ses troupes à l'attaque de tranchées ennemies ».

MONTEL, Théophile, caporal au 238e régiment d'infanterie, surveillant d'internat. Tué à Fosse-Martin, près Brégy (Oise).

NACIVET, André, sous-lieutenant. Mort le 24 octobre 1914, à l'ambulance du Mans.

NÉGOL. Fait chevalier de la Légion d'honneur. Tué.

PARAF, Pierre, adjudant au 132e régiment d'infanterie. Blessé aux Éparges le 19 février 1915. Décédé à l'hôpital n° 1 à Verdun le 23 février 1915.

PARMENTIER, Maurice, soldat au 301e régiment d'infanterie. Blessé le 26 décembre 1914. Mort le 29, à Verdun. Cité : « Toujours volontaire pour les

patrouilles chargées de missions périlleuses, a été
mortellement blessé, dans la nuit du 26 décembre,
au moment où il reconnaissait l'emplacement d'un
poste ennemi ».

PAULIAN, Charles, caporal au 1er régiment du
génie. Tué à Ville-sur-Tourbe le 23 mai 1915. Deux fois
cité : 1° « S'est, à plusieurs reprises, offert comme
volontaire pour prendre part à des patrouilles chargées de placer des explosifs près des tranchées ennemies
et pour descendre dans des galeries de mines rendues
dangereuses par des explosions (5, 27 et 28 avril) ».
2° « A donné au combat le plus brillant exemple en
entraînant un détachement de grenadiers sur les tranchées ennemies où il fit de nombreux prisonniers. A
été tué glorieusement à Ville-sur-Tourbe le 23 mai ».

PETIN, Victor, capitaine au 149e régiment d'infanterie. Blessé le 9 août 1914, à l'attaque du col de
Sainte Marie-aux-Mines (Alsace). Tué dans la nuit du
10 au 11 novembre 1914 à Tillebecke (près d'Ypres).
Deux fois cité ; 1° « pour son sang-froid et sa belle
conduite au feu ». 2° A été tué à la tête de sa compagnie qu'il entraînait brillamment à l'assaut des tranchées allemandes ».

PHILIPPE, sous-lieutenant. Tué.

PINEL-GRANCHAMP, André, sous-lieutenant
au 294e régiment d'infanterie. Tué le 15 septembre 1914
à Fontenoy.

PLAFFAIN, Jean, sergent au 150e régiment d'infanterie. Blessé à Deuxnouds-aux-Bois (Meuse), le
24 septembre. Décédé à Metz, à l'hôpital Saint-
Clément le 5 mars 1915.

POLACK, Maurice, caporal au 150e régiment d'infanterie. Tué le 22 août à Bazeilles.

PONSART, André. Mort à l'hôpital militaire de Saint-Brieuc d'une méningite cérébro-spinale.

POULET, Pierre, caporal au 156e régiment d'infanterie. Blessé grièvement à Zonnebeck, le 2 avril. Mort à l'ambulance de Vlanersnyke le 4 avril.

POUSSIN, André, sous-lieutenant au 156e regiment d'infanterie, Tué le 18 décembre 1914, près d'Ypres. Cité : « En se portant seul en avant de sa section, sous un feu violent, pour reconnaître les tranchées que la compagnie devait occuper ».

PRIOUX, Pierre, lieutenant d'infanterie coloniale. Tué le 28 août. Avait été cité à l'ordre du jour du Maroc, lors de la prise de Tazza.

PROT, Georges, enseigne de vaisseau. Mort le 27 avril 1915, dans le torpillage du cuirassé *Léon-Gambetta*.

PROT, Jacques, adjudant. Tué le 6 octobre 1914 en Argonne.

RAMEAU. Mort.

REILLE-SOULT de DALMATIE, Jean-de-Dieu, cavalier au 1er régiment de chasseurs. Tué au combat des Éparges le 15 avril 1915.

RENAUD, Étienne, sous-lieutenant au 68e chasseurs alpins, tué à Metzeral le 15 juin. Cité.

RIBIÈRE, Jean, aspirant au 13e bataillon de chasseurs alpins. Tué le 5 mars 1915 à Hartmannswillerskopf (Alsace). Cité : « Sous-officier plein d'ardeur et consciencieux, ayant pris très rapidement beaucoup d'ascendant sur ses hommes, a été tué à la tête de sa section, dans une attaque, au contact de la tranchée ennemie ».

RIGOLA-CHAMPON, Charles-Constantin, 1er canonnier instructeur au 58e régiment d'artillerie. Décédé à Bordeaux le 11 juin 1915.

ROGER, Pierre, brigadier au 29e régiment de dragons, tué à Aix-Noulette le 5 octobre 1914.

ROSENAU. Tué.

de **SALIGNAC-FÉNELON,** Bertrand, sous-lieutenant au 236e régiment d'infanterie. Tué le 17 décembre 1914, à Mauratz (Pas-de-Calais). Cité : « Chargé le 17 décembre d'une attaque de nuit, est parti avec un magnifique élan, a réussi à franchir la première tranchée allemande, puis a vaillamment lutté contre une contre-attaque ennemie supérieure en nombre ».

SANDRAY, Paul, capitaine au 309e régiment d'infanterie. Tué le 4 mars 1915 devant Badonviller. Cité : « Ayant demandé à participer à une attaque contre des tranchées ennemies, a conduit sa compagnie jusqu'à 80 mètres de la ligne et est tombé mortellement frappé au moment où il l'entraînait pour un nouveau bond en avant ».

SAUVAGE, Charles, soldat. Mort de la fièvre typhoïde le 20 août 1914.

SCHEIKEVITCH, Victor, sous-lieutenant au 103e régiment d'infanterie. Tué le 15 septembre 1914 dans la région de Tracy-le-Val (Oise). Cité : « Il prit le commandement de sa compagnie après la disparition de tous les officiers plus anciens. A fait preuve dans ce commandement des plus belles qualités militaires et a trouvé une mort glorieuse à la tête de sa compagnie qu'il entraînait, par son exemple, à l'assaut de la position ennemie ».

SCIAMA, Henry, sous-lieutenant au 18e bataillon de chasseurs à pied. Tué le 17 décembre 1914 en Argonne. Cité.

SCIAMA, Maxime, sergent aux tirailleurs sénégalais (colonne expéditionnaire du Cameroun). Décédé le 12 juin à l'ambulance de Duala (Cameroun).

De SCITIVAUX, Roger, lieutenant. Tué en août 1914 en Lorraine.

De SÉGUINS-PAZZIS (Comte), capitaine-commandant au 3e régiment d'artillerie lourde. Tué le 25 août 1914 près de Sommervillers.

SIGRE, André. Tué.

TANCRÈDE, Albert, pilote aviateur. Mort le 3 janvier 1915 à Pau.

TAVERNIER, caporal au 18e régiment territorial. Tué.

TEISSET, Jean, sous-lieutenant. Tué le 13 septembre 1914 à Berry-au-Bac.

TELLIER, Anselme, lieutenant au 118e régiment d'infanterie. Blessé le 22 août 1914. Cité. Tué le 10 janvier 1915.

TERNYNK, Jean, sous-lieutenant. Blessé fin août. Mort le 15 septembre à Fumay.

THIVEL, Frédéric, caporal au 72e régiment d'infanterie. Tué dans les bois de La Gruerie, le 30 novembre 1914.

TRÉBOUL, Maurice, sous-lieutenant d'artillerie. Tué le 1er juillet.

TUAL, Paul, maréchal des logis au 9e cuirassiers. Tué le 11 août 1914 à Bertrix (Belgique).

VAUCHER, Édouard, lieutenant au 30e régiment d'infanterie. Tué le 25 septembre 1914. Cité : « Le 25 septembre, à l'attaque d'un bois, a conservé le commandement de la compagnie malgré une première blessure à la jambe, et a été tué quelques instants plus tard. Avait fait preuve pendant toute la campagne des plus belles qualités militaires ».

VÉZY de BEAUFORT, Adrien, sous-lieutenant aux batteries d'artillerie d'Afrique. Mort à Amiens des suites de ses blessures.

De VOGUÉ, Charles, lieutenant. Tué fin octobre 1914 à Jaulzy (Aisne).

WEHRLIN, Henri, sergent au 74e régiment d'infanterie. Tué à Roselies (Belgique) le 22 août 1914.

WEISS, Édouard, sous-lieutenant au 57e bataillon de chasseurs à pied. Tué au combat de Saint-Laurent-lès-Arras le 23 octobre 1914.

WIBRATTE, Charles, commandant. Tué.

II. — DISPARUS

ARNAUD, Émile, sous-lieutenant au 33ᵉ colonial.

BAUDENS, Gaston, sous-lieutenant au 54ᵉ régiment d'infanterie. Blessé et disparu le 10 septembre 1914 près Beauzée (Meuse).

BAUDOIN, Yves.

BERGE, Jacques - Eugène - Félix, soldat au 129ᵉ régiment d'infanterie. Disparu à la bataille de Charleroi, à Chatelet, le 22 août.

BÉRUBÉ, Pierre, lieutenant au 8ᵉ régiment d'infanterie coloniale. Blessé et disparu le 26 août 1914, au combat de Beaumont-Stenay.

DECROZE, Louis-Joseph, soldat au 9ᵉ bataillon de chasseurs à pied, professeur.

EGUAY, Louis, caporal au 333ᵉ régiment d'infanterie. Disparu le 25 novembre 1914 à Souain.

GALLIEN, Charles, sergent au 258ᵉ régiment d'infanterie. Blessé et disparu le 20 septembre 1914 à Hattonville (Meuse).

HUTTEAU d'ORIGNY, Jacques, sous-lieutenant d'artillerie. Cité. Disparu le 16 octobre 1914.

JACQUIER, Robert, lieutenant au 57ᵉ bataillon

de chasseurs à pied. Blessé grièvement et disparu le 17 août à l'assaut du Donon.

LABOURET, **Robert**, soldat au 113e régiment d'infanterie. Très grièvement blessé et disparu au combat de Villotte, près Lisle-en-Barrois (Meuse), le 6 septembre 1914.

LEFEBVRE de BEHAINE, **Jean**, sous-lieutenant au 136e régiment d'infanterie. Disparu le 31 mai au Labyrinthe (Neuville-Saint-Vaast).

LEREDDE, **Roger**.

MONIOT, **Victor-Frédéric**, sous-lieutenant au 72e régiment d'infanterie. Disparu à Cesse (Meuse), le 27 août 1914.

PAULET, **Charles**, lieutenant au 95e régiment d'infanterie. Tombé blessé aux mains de l'ennemi et disparu dans les combats de tranchées de la redoute du Bois-Brûlé. Deux fois cité : 1° « Pour sa belle conduite dans les combats de Blancourt, Sarrebourg et Mattenez ». 2° « S'est élancé à l'assaut d'une tranchée ennemie à la tête de sa compagnie, malgré un feu violent d'infanterie. A été atteint au cours d'une contre-attaque alors qu'il se multipliait dans la tranchée conquise pour encourager ses hommes ».

SALANSON, **Dominique**, soldat au 24e régiment d'infanterie. Blessé et disparu le 4 septembre 1914, près d'Orbais-l'Abbaye (Marne).

TACQUET, **Raymond**, soldat au 72e régiment d'infanterie. Disparu fin août au combat de Charleroi.

TUFFIER, **Maurice**, sous-lieutenant au 58e bataillon de chasseurs à pied. Blessé grièvement et disparu,
le 30 août 1914 au combat du Chesnois (Ardennes).
Cité : « Isolé de son capitaine par la cavalerie allemande, a ramené une grande partie de sa compagnie
à travers la forêt de Rocroi, a résisté vigoureusement
à Bourg-Fidèle et a rejoint le bataillon à Tagnon,
après une très dure étape ».

III. — BLESSÉS

AUBÉ, Henry, aspirant au 19e bataillon de chasseurs à pied. Cité : « A montré beaucoup de bravoure calme et a été blessé en s'exposant sans souci du danger au feu de l'ennemi pour mieux observer le résultat du tir de notre artillerie ».

AUBAILE, Roger, sergent au 13e régiment d'infanterie. Blessé légèrement le 30 mars 1915. Blessé grièvement au bois Le Prêtre le 1er avril 1915.

De BALORRE, Hubert, sous-lieutenant au 15e régiment de chasseurs à cheval. Cité : « A été grièvement atteint, le 11 novembre, de quatre blessures en se portant à l'attaque d'une tranchée allemande. A donné à sa troupe le plus bel exemple de courage ». Fait chevalier de la Légion d'honneur.

BARAL, Pierre, sous-lieutenant au 154e régiment d'infanterie. Blessé grièvement le 22 août à Pillières (Meurthe-et-Moselle).

BARRÉ, Paul, maréchal de logis au 32e régiment de dragons. Blessé.

BARRIER, René, lieutenant au 228e régiment d'infanterie. Blessé.

BÉJOT, Pierre, lieutenant au 36e régiment d'infanterie. Blessé et cité.

BELLE, Jacques, capitaine au 61e régiment d'artillerie. Cité : « S'est trouvé sous le feu de quatre batteries ennemies, dont une d'obusiers. A réduit au silence deux batteries ennemies en causant de grandes pertes à l'ennemi ; a tenu jusqu'au bout, malgré le feu violent de l'ennemi. » Très grièvement blessé. Fait chevalier de la Légion d'honneur.

BESNARD, Jean, caporal au 62e régiment d'infanterie. Blessé.

BLANCHARD, Robert, lieutenant d'artillerie. Blessé sur l'Aisne. Cité.

BLOC, René, soldat au 24e régiment d'infanterie. Blessé le 23 septembre 1914 à Loivre (Marne).

BOIZARD, René, capitaine au 54e régiment d'infanterie. Blessé. Fait chevalier de la Légion d'honneur.

BONAME, Georges, capitaine d'artillerie. Blessé.

BONNASSIEUX, Marcel, capitaine au 42e régiment d'infanterie. Blessé.

BONNET, Robert, sous-lieutenant au 30e régiment d'artillerie. Blessé grièvement, en Argonne, le 18 février 1915. Cité : « N'a pas hésité pour mieux observer son tir à se placer dans une tranchée (à peine ébauchée) qu'il savait repérée et violemment battue par l'artillerie ennemie ».

BONNEVIALLE, Ludovic, caporal au 96e régiment d'infanterie, surveillant d'internat. Blessé à Zeellebecke (Belgique), le 18 janvier.

BRAULT, Pierre, lieutenant au 5e régiment d'infanterie. Blessé.

BRO, lieutenant, adjoint au chef d'escadron commandant le 2e groupe d'artillerie de campagne d'Afrique. Cité : « N'a cessé depuis le début de la campagne de rendre d'excellents services dans les fonctions d'adjoint au chef d'escadron commandant le groupe. Ayant accompagné cet officier supérieur qui s'était porté, pour mieux observer les effets du tir de ses batteries, en un point violemment battu par l'artillerie adverse, a été grièvement blessé ».

BROT, Henri, lieutenant au 29e régiment d'artillerie. Blessé.

BROT, René, sergent au 131e régiment d'infanterie. Blessé et prisonnier.

BRUNEAU, André, adjudant au 28e régiment d'infanterie. Blessé.

BOUFFANAIS, Henri, adjudant au 290e régiment d'infanterie. Blessé.

CAMPS, Albert, caporal au 85e régiment d'infanterie, surveillant d'internat. Blessé le 27 août en Belgique.

CASANOVA, Jean, lieutenant au 39e régiment d'infanterie. Blessé le 16 février 1915, en Champagne (bois de Luxembourg), Fait chevalier de la Légion d'honneur. Cité : « D'une bravoure remarquable, a pu parvenir, quoique blessé au bras, à se dégager en tuant à coups de revolver quatre allemands, a ensuite regagné les tranchées sous le feu des mitrailleuses ».

De CASTILLON de SAINT-VICTOR, Henri, aspirant au 9e zouaves. Blessé grièvement au bois de La Folie, le 22 juin 1915.

CATTOIS, Louis, sous-lieutenant au 42e régiment d'infanterie. Blessé et fait prisonnier.

CAUBERT, Pierre, soldat au 129ᵉ régiment d'infanterie. Blessé au Chatelet, près Charleroi, le 22 août 1914.

CHARMET, René, lieutenant au 224ᵉ régiment d'infanterie. Blessé.

CHELLI, agrégé d'anglais. Blessé grièvement.

COLLET, Marcel, médecin aide-major au 6ᵉ escadron du train des équipages militaires. Blessé.

COMBEMALE, Léo, sergent au 154ᵉ régiment d'infanterie. Blessé. Cité : « Pour sa très belle attitude sous un feu extrêmement violent, à 30 mètres des retranchements allemands ».

COMBEMALE, Marcel, sous-lieutenant au 10ᵉ bataillon de chasseurs à pied. Blessé.

COURTINES, Marcel, sous-lieutenant au 16ᵉ régiment d'artillerie. Blessé le 20 août 1914, vers Sarrebourg.

CRÉMIEUX, Albert, agrégé d'histoire. Blessé le 10 juin 1915 au bois Le Prêtre.

DATHIS, Marcel, aspirant au 41ᵉ régiment d'artillerie. Blessé.

DEBRÉ, Jacques, lieutenant d'artillerie. Blessé à Brimont (Marne). Cité et fait chevalier de la Légion d'honneur.

DEGRÉMONT, Henri, soldat au 129ᵉ régiment d'infanterie, professeur de gymnastique. Cité : « S'est présenté comme volontaire pour aller seul, de nuit, reconnaître une tranchée allemande à 200 mètres des lignes françaises. En rampant pendant deux heures, il a pu mener à bien cette mission. Le lendemain, cette tranchée a pu être occupée par les troupes françaises ». Blessé à Neuville-Saint-Vaast (Labyrinthe).

DELACRE, Henri, caporal au 8e régiment de génie. Blessé.

DELANNEY, Emmanuel, soldat au 75e régiment d'infanterie. Blessé le 27 août 1914, à Saint-Dié. Cité : « Le lendemain de son arrivée sur le front, le 27 août, malgré une première blessure reçue dans le dos et occasionnée par un éclat d'obus, a réclamé de son commandant de détachement l'honneur d'aller sous un feu très vif, porter un renseignement à une section d'artillerie placée à un kilomètre. A été gravement atteint au pied droit par un éclat d'obus en revenant d'accomplir sa mission.

DELCASSÉ, Jacques, sous-lieutenant. Blessé et fait prisonnier.

DEMMLER, Pierre, capitaine au 62e bataillon de chasseurs alpins. Blessé. Cité : « Belle conduite au feu ».

DENANT, Marcel, caporal au 16e régiment territorial d'infanterie. Blessé.

DEMON, Roger, sous-lieutenant au 89e régiment d'infanterie. Blessé le 24 novembre dans les bois de Bolante (Argonne). Cité : « Le 24 novembre a brillamment conduit sa section à l'attaque des tranchées ennemies. A fait preuve d'une extrême bravoure et a été grièvement blessé d'une balle en pleine figure à quelques mètres de l'ennemi ».

DEPRESVIILLE, André, lieutenant au 161e régiment d'infanterie. Blessé.

DESHOULIÈRES, Jacques, sous-lieutenant au 6e régiment de dragons. Blessé. Cité : « Est resté sous un feu violent d'artillerie, a eu son cheval tué, a été blessé alors qu'il s'efforçait de regagner ses lignes et cerné par les Allemands, s'est dissimulé au milieu d'eux pendant deux jours et en a profité pour faire des observations qui ont été très utiles au général de corps d'armée, qui est entré le premier dans Crépy »

DESSERÉ, Paul. Blessé et cité.

DORVILLE, Armand, sous-lieutenant au 83e régiment territorial d'infanterie. Blessé à Tournai le 24 août 1914. Cité : « Blessé à Tournai d'un éclat d'obus, soigné et couché à Froidmont (Hainaut), a réussi à s'évader à travers les lignes ennemies. Revenu sur le front, remplit avec énergie et compétence les fonctions de commissaire du Gouvernement près le Conseil de guerre de la 8e division d'infanterie ».

DOUMER, René, lieutent au 2e bataillon de chasseurs à pied. Cité : « Frappé d'une balle à la cuisse au moment où il s'élançait d'une tranchée à la tête de sa section, s'est relevé immédiatement et a continué à exercer son commandement sous le feu ».

DUBOIS, Jean, sergent au 272e régiment d'infanterie. Blessé.

DUBRUJEAUD, Jean, sergent 130e régiment d'infanterie. Blessé.

DUBUC, Maurice, aspirant au 147e régiment d'infanterie. Blessé le 4 avril 1915 aux Éparges.

DUPUIS, André, lieutenant au 301e régiment d'infanterie. Blessé.

DURAND, Charles, sous-lieutennal au 27ᵉ régiment d'artillerie. Blessé mai, 1915 au bois Le Prêtre.

DURAND, Daniel, sous-lieutenant au 153ᵉ régiment d'infanterie. Blessé. 1° le 27 septembre 1914, à Chaulnes ; 2° le 15 mai 1915, à Neuville-saint-Vaast.

ENGEL, Georges, lieutenant au 247ᵉ régiment d'infanterie. Blessé le 28 août 1914 au parc du château de Paré (Chéveuges). Cité.

ENGEL, Jacques, capitaine au 13ᵉ bataillon de chasseur alpins. Blessé le 3 septembre 1914 à la Tête-de-Béhouille (Vosges). Cité et fait chevalier de la Légion d'honneur : « Le 1ᵉʳ septembre 1914, ayant reçu ordre de protéger le repli de sa compagnie qui était arrière garde du bataillon est resté seul sur son emplacement avec sa section continuant à diriger un feu très violent sur l'ennemi en lui infligeant de grosses pertes malgré la fusillade qui l'atteignait sur le front et les deux flancs de sa section. Il réussit ainsi à retarder la marche de l'ennemi et put rallier le bataillon sans subir de pertes considérables. Blessé grièvement à l'épaule le 3 septembre ».

FALLEK, Roger, soldat au 168ᵉ régiment d'infanterie. Blessé grièvement le 17 mars 191.. au bois Le Prêtre (croix des Carmes).

FERBER, Jehan, sous-lieutenant au 74ᵉ régiment d'infanterie. Blessé le 22 août 1914 à Roselies près Charleroi. Cité : « Blessé à la main dès le début d'un combat, s'est fait panser sur place sans abandonner le commandement de sa section ; blessé le même jour, une seconde fois, à la cuisse au moment où la compagnie recevait l'ordre de battre en retraite, a refusé de se laisser emporter par les hommes de sa section ».

FÉVELAT, lieutenant au 23e régiment d'infanterie. Blessé le 25 août 1914 à Méhoncourt. Cité et fait chevalier de la Légion d'honneur. « A entraîné ses hommes contre les lignes ennemies et, à la tête de sa section, a été blessé grièvement ».

FUNCK-BRENTANO, Christian-Marx, sergent au 135e régiment d'infanterie. Blessé à Prosnes le 27 septembre 1914. Blessé à Neuville-Saint-Vaast au début de mai 1915.

FUNCK-BRENTANO, Léon, médecin auxiliaire attaché au corps expéditionnaire d'Orient. Blessé le 9 mai 1915 aux Dardanelles. Cité : « A été blessé le 9 mai en relevant des blessés sur la ligne du feu.

FUNCK-BRENTANO, Théophile, cycliste au 67e régiment d'infanterie. Blessé le 10 janvier 1915.

GADAUD, André, caporal au 175e régiment d'infanterie. Blessé.

GAILLARD, Pierre, sous-lieutenant au 128e régiment d'infanterie. Blessé et fait prisonnier.

GAINSETTE, Lucien, lieutenant au 67e régiment d'infanterie. Deux fois cité ; 1° « Plein d'audace et de sang-froid, a maintenu sa compagnie au feu les 19, 20 et 21 février 1915 sous un bombardement intense ». 2° « Très bon commandant de compagnie ayant de l'énergie et de l'autorité. D'un sang-froid et d'une bravoure remarquables, a toujours brillamment conduit sa compagnie à l'attaque faisant l'admiration de tous. S'est particulièrement distingué dans tous les combats livrés depuis le mois de septembre. Grièvement blessé, ne s'est laissé évacuer qu'en fin de journée ». Fait chevalier de la Légion d'honneur.

GALLÉE, Paul, caporal au 156e régiment d'infanterie. Grièvement blessé à Varennes le 16 septembre.

GEORGES-PICOT, Georges, aspirant au 11e régiment de cuirassiers. Blessé.

GERBOIN, Paul, capitaine au 20e bataillon de chasseurs à pied. Blessé une première fois le 25 août 1914 à Raon-l'Étape. Blessé une seconde fois, le 8 septembre 1914 à la bataille de la Marne. Cité : « Blessé une première fois, a repris presque immédiatement le commandement de sa compagnie. A reçu plusieurs autres blessures ». Fait chevalier de la Légion d'honneur.

GOUDET, Gabriel, caporal au 87e régiment d'infanterie. Surveillant d'internat. Blessé grièvement à la tranchée de Calonne le 17 mai.

GUEULLETTE, Jean, sergent au 76e régiment d'infanterie. Blessé le 20 décembre 1914 au bois de La Gruerie (Argonne). Cité.

HAGÈNE, Philippe, caporal au 151e régiment d'infanterie. Blessé le 5 mai 1915, dans l'Argonne.

HARDEL, Raymond, lieutenant au 156e d'infanterie. Blessé.

HÉLY d'OISSEL, Pierre, sous-lieutenant au 44e régiment d'artillerie. Blessé. Cité : « A fait preuve en maintes circonstances d'à-propos, de sang-froid et de vaillance ; le 22 septembre, le capitaine de sa batterie ayant été mortellement blessé, a pris le commandement du feu avec une rare énergie et a infligé de sérieuses pertes à l'ennemi ; est allé avec quelques canonniers chercher le corps de son capitaine au poste de commandement à 200 mètres de la batterie ; le 29 septembre, ayant été lui-même blessé par un obus lourd, ainsi que le commandant de la batterie, au poste de secours, a dicté et fait transmettre au chef de groupe les éléments de tir nécessaires à la continuation du feu de la batterie ; évacué pour traitement des blessures reçues, a refusé le congé de convalescence qui lui était offert et a rejoint sa batterie sur le front, le 12 octobre ».

JUDIC, René, sous-lieutenant au 153° régiment d'infanterie. Blessé le 23 mai 1915, à Neuville-saint-Vaast.

JULIA, Gaston, sous-lieutenant au 34° régiment d'infanterie. Cité « : Le 25 janvier 1915 a montré le plus profond mépris du danger sous un bombardement d'une extrême violence. A su, malgré sa jeunesse, prendre sur ses hommes un réel ascendant. A repoussé une attaque menée contre les tranchées et a été atteint d'une balle en pleine figure lui occasionnant une blessure affreuse. Quoique ne pouvant plus parler a écrit sur un billet qu'il ne voulait pas être évacué, ne s'est rendu à l'ambulance que quand l'attaque ennemie a été refoulée. Cet officier, reçu le premier, à l'École polytechnique et premier à l'École normale (Sciences) venait de rejoindre le front et voyait le feu pour la première fois. Fait chevalier de la Légion d'honneur.

KANN, Réginald. Blessé et fait chevalier de la Légion d'honneur.

KOESSLER, Eugène, officier interprète de 2° classe à l'état-major de la 53° division d'infanterie, professeur agrégé d'allemand. Blessé et fait prisonnier le 2 septembre 1914, près de Château-Thierry.

LABAYLE d'ESTANQUE, Jean, infirmier au 234° régiment d'infanterie. Blessé.

LAGRANGE, René, lieutenant au 21° d'artillerie. Cité : « A fait preuve de décision, de bravoure et de sang-froid le 8 septembre, restant seul officier de tout son groupe, a pris le commandement de ce groupe et l'a exercé pendant plusieurs heures, sous un feu des plus violents. Grièvement blessé le 24 septembre, n'a quitté son poste que sur l'ordre qui lui en a été donné ». Fait chevalier de la Légion d'honneur.

De LAGUICHE, Charles, sous-lieutenant au 15° régiment de chasseurs à cheval. Blessé.

LALANDE, Georges, lieutenant-colonel, commandant le 292° régiment d'infanterie. Fait officier de la Légion d'honneur. « Évacué après deux blessures reçues le 8 septembre a repris le 15 novembre avant d'être complètement rétabli le commandement de son régiment qu'il a exercé avec distinction jusqu'à ce jour et qu'il a dû quitter sous l'effet des fatigues de la vie des tranchées jointes à l'aggravation de l'état de ses blessures insuffisamment guéries ».

De LAMBERTYE, Carlos, enseigne de vaisseau, commandant l'échelon de la 2° flotille des canonnières fluviales. Blessé. Fait chevalier de la Légion d'honneur.

De LARMINAT, Jacques, aspirant au 22° régiment de dragons. Blessé.

De la TOURETTE, Emmanuel. Blessé.

LAVAUD, Jacques, soldat au 155° régiment d'infanterie. Blessé au nord de Vienne-le-Château (Argonne), le 23 mars 1915.

LECOURTOIS, Adrien, caporal au 82e régiment d'infanterie. Blessé grièvement le 8 septembre 1914 à Rembercourt (Meuse).

LEROY, Henri, sous-lieutenant au 42e régiment d'artillerie. Blessé à la cote du Hurs le 25 avril 1915.

Le ROY, Philippe, caporal au 151e régiment d'infanterie. Blessé à Pierrepont près Longuyon, le 22 août 1914.

LEVASSEUR, René, capitaine au 72e régiment d'infanterie. Blessé le 15 septembre 1914 à Servon (Marne). Fait chevalier de la Légion d'honneur.

LEVASSOR-BERRUS, André, sous-lieutenant au 3e régiment d'infanterie. Blessé et fait prisonnier.

LÉVÊQUE, Jacques, adjudant-chef au 39e régiment d'infanterie. Blessé très grièvement à La Ville-aux-Bois d'une balle à la tempe qui lui a fait perdre la vue (10 mai 1915). Deux fois cité : 1° « Ayant le commandement de la troupe chargée de la défense d'une tranchée violemment attaquée, a fait preuve de coup-d'œil et de sang froid, en infligeant à l'ennemi des pertes considérables qui l'on contraint à se replier ». 2° « Ayant reçu l'ordre de se porter au secours d'une tranchée violemment attaquée par l'ennemi, en a refoulé les éléments. A établi une barricade et s'y est maintenu jusqu'à l'arrivée des renforts. Le lendemain a été grièvement blessé pendant le bombardement lorsqu'il observait avec ses veilleurs ». A perdu les deux yeux.

De LIEDEKERKE, BEAUFORT, lieutenant. Blessé.

LIGER, Georges, engagé volontaire au 131e régiment d'infanterie. Blessé.

LOIZILLON, Georges, capitaine de chasseurs à pied, état-major de la 58e division. Blessé le 28 août 1914 à Flavigny (Aisne).

LOT, Maurice, lieutenant au 132e régiment d'infanterie. Blessé grièvement d'un éclat d'obus dans l'Argonne et fait prisonnier aux Éparges le 18 mars 1915. Cité. « A maintenu la compagnie éprouvée par un feu d'artillerie très intense dans des retranchements enlevés à l'ennemi ; son énergie et sa bravoure ont largement contribué à conserver la position conquise ».

LOUIS, Jacques, capitaine d'artillerie. Blessé et fait prisonnier en Belgique.

LYON, Roger. Blessé et fait prisonnier.

MAHIEU, Michel, lieutenant aviateur, escadrille VR 108. Fait chevalier de la Légion d'honneur : « Dans la même journée a soutenu trois combats aériens contre trois taubes ; en a refoulé deux dans les lignes ennemies et a abattu le troisième ». Cité : « Excellent officier pilote, sur le front depuis le début de la campagne, qui allie à une science consommée d'aviateur les plus grandes qualités militaires. S'est en particulier distingué le 22 mai 1915, en allant exécuter sa mission de bombardement très en arrière des lignes ennemies malgré une brume intense qui a arrêté tous les autres pilotes dans la région. » Blessé.

MAIRESSE, Robert, sous-lieutenant. Blessé.

MARTIN, René, sous-lieutenant au 90e régiment d'infanterie. Blessé le 31 mars près d'Ypres.

MARTIN des PALLIÈRES, Maurice, sergent au 75e régiment d'infanterie. Blessé et fait prisonnier.

MASSE, Georges. Blessé et cité.

MAUCOMBLE, René, sergent au 228e régiment d'infanterie. Blessé.

MAUGRAS, Roger, lieutenant au 39e régiment d'infanterie. Blessé. Cité : « A été gravement atteint en portant en avant sa troupe sous un feu de mitrailleuse intense ».

MAY, Jules, lieutenant au 46e bataillon de chasseurs alpins. Blessé grièvement à Clézentaine (Vosges) le 26 mai 1914. Cité et fait chevalier de Légion d'honneur.

MERLANT, Joachim, capitaine au 173e régiment d'infanterie, professeur. Fait chevalier de la Légion-d'honneur : « Commandant d'une ligne dont quelques tranchées avaient été enlevées par une attaque soudaine et violente de l'ennemi et blessé grièvement à l'épaule, a tenu, avant d'aller se faire panser, à commander et à diriger une contre-attaque dont le résultat a été de reprendre toutes les tranchées perdues ».

MERLIN-LEMAS. Blessé.

MICHEL, Édouard, lieutenant d'artillerie. Blessé et fait prisonnier.

MICHEL, Yves, sous-lieutenant au 1er régiment d'infanterie coloniale. Blessé et cité : « Depuis quatre jours au front a su prendre un ascendant extraordinaire sur sa section, l'a vigoureusement entraînée à l'attaque et a ensuite résisté 36 heures aux assauts furieux et répétés de l'ennemi ».

MILLET, Philippe, lieutenant de zouaves. Blessé.

MONIER de SAINT-ESTÈVE, Henri, caporal au 258ᵉ régiment d'infanterie. Blessé et fait prisonnier.

MORAND, Henri, sergent au 66ᵉ régiment d'infanterie. Blessé.

MOUCHOT, Georges, lieutenant-instructeur au 251ᵉ régiment d'infanterie. Blessé.

MUSNIER de PLEIGNES, François, sous-lieutenant au 142ᵉ régiment d'infanterie. Blessé.

NAVARRE, Henri, soldat d'infanterie. Blessé.

NICOL, Maurice, lieutenant au 93ᵉ régiment d'infanterie. Blessé grièvement le 8 septembre 1914 à Fère-Champenoise.

NICOLÉTIS, John, sous-lieutenant au 33ᵉ régiment d'artillerie. Blessé grièvement. Cité : « A fait preuve, depuis son arrivée sur le front, de dévouement et de bravoure. Le 23 mai, a maintenu le calme par son exemple dans sa batterie violemment canonnée. Criblé de blessures par l'éclatement d'un obus, a prescrit de continuer le tir qu'il faisait exécuter ».

NOIZET, Gaston, sous-lieutenant au 143ᵉ régiment d'infanterie territorial. Blessé.

OUVRÉ, Henri, lieutenant au 337ᵉ régiment d'infanterie. Blessé.

PARMENTIER, Jean, sous-lieutenant au 301ᵉ régiment d'infanterie. Grièvement blessé en entraînant sa section au feu. Fait chevalier de la Légion d'honneur.

PASCAL, Pierre, sous-lieutenant au 92ᵉ régiment d'infanterie. Blessé le 4 septembre 1914 à Badonviller.

PASSY, Fernand, caporal au 131e régiment d'infanterie. Blessé dans l'Argonne le 21 septembre 1914 à Montblainville (Meuse).

PETIN, Georges, capitaine au 7e groupe cycliste de la 7e division de cavalerie. Blessé le 22 octobre 1914 au combat de Wydendreft (Est d'Ypres). Fait chevalier de la Légion d'honneur : « A entraîné son peloton dans une contre-attaque à la baïonnette et réoccupé un point d'appui abandonné ».

PIOCHE, René, capitaine au 244e régiment d'infanterie. Blessé le 14 septembre 1914 à La Neuville-au-Pont et le 11 mai 1915 à Neuville-Saint-Vaast.

De PRACONTAL, Guillaume, lieutenant au 5e régiment de dragons. Blessé.

PROUVÉ, sous-lieutenant d'infanterie. Blessé à Villette (Meuse).

PROVIN, Paul, sous-lieutenant au 2e régiment du génie. Blessé. Cité : « Blessé dans la nuit du 28 au 29 septembre à Beaumont au cours d'une reconnaissance poussée jusqu'aux tranchées allemandes, est parvenu à se traîner jusqu'aux troupes françaises qu'il a renseignées avec précision sur la situation de l'ennemi ».

RENAUD, Pierre-Henry, brigadier au 17e régiment d'artillerie. Blessé.

REYNAUD, Charles, capitaine au 45e régiment d'artillerie. Blessé.

RIBOT, Georges, adjudant au 48e régiment d'infanterie. Blessé.

ROSSIGNEUX, Georges, lieutenant au 5e régiment d'infanterie coloniale. Blessé à Kénifla (Maroc), le 20 juillet 1914. Blessé au bois-Bolante (Argonne) le 16 février 1915. Cité : « D'une bravoure et d'un courage remarquables lors de l'attaque du 16 février ; a lutté pied à pied dans le boyau de communication pour défendre des mitrailleuses menacées par l'ennemi. Blessé par un dernier adversaire qu'il étendit mort à ses pieds, est resté dans la tranchée pendant plusieurs heures, continuant à diriger le tir de ses pièces et forçant l'ennemi à reculer. »

ROTSCHILD, Maurice. Blessé.

ROUGER, Henri, lieutenant d'infanterie. Blessé et fait prisonnier.

ROULLEAU, Christian, lieutenant au 26e bataillon d'artillerie. Blessé au mois de septembre 1914. Cité.

De SAINT-QUENTIN, René, sous-lieutenant au 317e régiment d'infanterie. Blessé.

SAUVAGEOT, Pierre, sergent au 94e régiment d'infanterie. Blessé le 29 janvier 1915 dans le bois de La Gruerie.

SAUVEL, Tony, caporal au 369e régiment d'infanterie. Blessé.

SCHERSLIN, Jean, sergent au 119e régiment d'infanterie. Blessé route d'Arras à Béthune le 26 juin 1915.

SCHLOSS, Robert, maréchal des logis au 32e régiment d'artillerie. Blessé : 1° « le 20 août 1914 à Ribemont (Aisne), 2° « le 13 mai 1915 aux environs d'Ypres. Cité : « Chef d'équipe de lance-bombes, a reçu à son poste le 13 mai sa deuxième blessure, est allé se faire panser et est revenu immédiatement après assurer son service ».

SCHOETTEL, officier-orienteur. Deux fois cité : « A rendu des services distingués depuis le début de la campagne comme officier-orienteur, toujours prêt à faire les reconnaissances les plus périlleuses . A été blessé le 30 novembre au poste avancé où il s'était porté sous les balles pour régler le tir sur les tranchées ennemies ».

SEGONNE, capitaine au 101e régiment d'infanterie. Blessé le 22 août. Blessé à nouveau du 23 au 29 septembre, alors qu'il commandait le 1er bataillon de son régiment. Cité : « Officier tout à fait remarquable par son sang-froid, son mépris du danger et son coup d'œil tactique ».Fait officier de la Légion d'honneur.

SIRY, Georges-Etienne, capitaine au 304e régiment d'infanterie. Blessé. Cité : « Blessé le 7 septembre a continué à exercer le commandement de sa compagnie et ne s'est rendu à l'ambulance que sur l'ordre de son chef de bataillon. Blessé de nouveau, a refusé de se laisser évacuer sur l'arrière ».

SURRE, Henri, capitaine d'infanterie coloniale. Blessé et fait prisonnier.

THOMAS, Henri, lieutenant au 45e régiment d'artillerie. Cité : « Officier très brave, agent de liaison dans les circonstances les plus périlleuses, a été blessé et est revenu au front aussitôt qu'il l'a pu ».

THOMAS, Pierre, automobiliste, quartier général de la 5e armée. Blessé.

THOREL, René, capitaine au 147e régiment d'infanterie. Blessé.

De VALLEUIL, Thierry, lieutenant au 1er régiment de zouaves. Blessé.

De VARINE, Paul, sous-lieutenant au 94e régiment d'infanterie. Blessé.

WALLET, Robert, blessé et fait prisonnier.

WALLON, Maurice, lieutenant porte-drapeau au 302e régiment d'infanterie. Blessé le 7 septembre à Rembercourt-aux-Pots (Meuse).

WATEL-DEHAYNIN, Jean, soldat au 101e régiment d'infanterie. Blessé et fait prisonnier.

WEIL, Raymond, sous-lieutenant au 8e régiment d'artillerie. Blessé le 30 septembre à Carnoy (Somme) Cité : « Pris avec deux pièces en action le 14 juin sous un feu violent et efficace de trois batteries ennemies de 77, de 105 et de 150, a montré les plus belles qualités militaires, en continuant le feu avec la même régularité et la même précision ».

IV. — DÉCORÉS & CITÉS, NI TUÉS NI BLESSÉS

D'ANCHALD, Pierre, lieutenant-aviateur. Cité.

AUBÉ, Jean, sous-lieutenant au 12e régiment de cuirassiers. Deux fois cité : « Malgré un feu très vif dirigé sur lui, est arrivé près des tranchées allemandes pour en faire la reconnaissance exacte, sans perdre aucun homme ».

De BARBENTANE, Gontran, lieutenant au 10e régiment de cuirassiers. Cité : « Avec quelques cavaliers du détachement de télégraphistes qu'il commande à l'état-major, repoussa brillamment et poursuivit un fort parti de cavaliers allemands, venus pour détruire le bureau postal d'une ville importante du Nord et couper les communications ».

BOIVIN, Raoul, sous-lieutenant, 1er groupement d'artillerie lourde. Cité : « Le 17 février, réglant le tir de sa batterie dans une tranchée de première ligne, a été renversé par l'explosion de bombes et a cependant continué à régler son tir avec la plus grande précision. N'a pas même rendu compte de l'incident à son capitaine qui ne l'a connu que par les lieutenants des batteries voisines ».

BONNARD, Maurice, lieutenant, commandant la demi-batterie d'artillerie de 155. Cité : « A exécuté depuis le 1er décembre 1914 des tirs très remarquables, en combinaison avec les batteries de 75 sur des tranchées allemandes très voisines des tranchées françaises ; a ainsi donné la plus grande confiance à notre infanterie dans la précision de notre artillerie ainsi que dans l'efficacité de son tir ».

BOURÉLY, Paul, sous-lieutenant. Cité étant adjudant : « S'est maintenu toute une journée dans une situation très difficile; par son courage et son sang-froid, a donné le plus bel exemple à ses hommes qu'il a su maintenir à leur poste malgré un feu violent ».

CABANES, Jean, sous - lieutenant au 34ᵉ régiment d'artillerie. Cité : « Officier-observateur dans une tranchée à 80 mètres de l'ennemi ; sans aucun abri, a pendant quatre attaques consécutives, assuré le tir de l'artillerie dans des conditions très périlleuses, avec une intelligence, un entrain et un courage remarquables ».

CAIL, Louis, sous-lieutenant au 18ᵉ régiment territorial. Cité.

CAPLAIN, Joseph, lieutenant au 28ᵉ régiment d'artillerie. Cité : « A fait preuve, le 23 décembre 1914, de courage et de sang-froid, est allé, sous un feu d'artillerie des plus violents, éteindre l'incendie de caissons de munitions, dans une batterie dont tous les officiers venaient d'être tués, et dont le personnel avait reçu l'ordre de s'abriter ».

CASSIN de KAINLIS, Gaëtan, sous-lieutenant au 12ᵉ régiment de dragons . Cité : « Au milieu de son peloton, occupant une barricade, a pris la carabine et les cartouches d'un homme tué près de lui et a fait le coup de feu avec un entrain admirable ».

CELLIER, Raymond, lieutenant de vaisseau. Cité.

CHAMPEAUX, Pierre, sous - lieutenant au 2ᵉ régiment d'artillerie de montagne. Cité : « Ayant reçu l'ordre d'amener une pièce de montagne à un endroit presque inaccessible, a pendant plusieurs heures, sous un feu intense, dirigé le travail de ses canonniers qui portaient la pièce à bras jusqu'aux premières tranchées à 50 mètres de l'ennemi ».

CHAPUT, Jean, caporal, pilote-aviateur escadrille *C, 28*, promu sergent. Deux fois cité: 1° « A exécuté le 22 mars 1915 une reconnaissance en avion au cours de laquelle l'artillerie allemande a tiré sur son appareil plus de 150 projectiles dont l'un a troué un des plans. A continué néamoins sa reconnaissance avec ténacité donnant le plus bel exemple de crânerie à tous ceux qui le voyaient évoluer sous ce feu violent ». 2° Pilote d'une adresse, d'un courage, d'un sang-froid, d'un dévouement extraordinaires. A assuré, outre un service de reconnaissance d'artillerie très chargé, un service de chasse aérienne très efficace. N'a pas hésité, pendant les opérations du 7 au 13 juin 1915, à donner à plusieurs reprises, la chasse à des avions ennemis mieux armés que le sien. Est revenu le 12 avec un appareil criblé de balles de mitrailleuses après avoir forcé son adversaire à atterrir ».

CHASSAGNY, Robert, sergent. Cité : « Dans la nuit du 4 juillet, son commandant de compagnie et les hommes voisins ayant été ensevelis sous un bombardement intense, n'a pas hésité à leur porter secours malgré la violence du feu ».

De CHAVAGNAC, Jean, lieutenant. Cité.

CLÉMENT, Jean, médecin auxiliaire au 74° régiment d'infanterie. Médaille d'honneur des épidémies le 29 juillet 1915. Cité : « A contracté en service la méningite cérébro-spinale au cours d'une épidémie ».

DAMIEN, sous-lieutenant d'artillerie, état-major de la 66e division. Cité : « A rendu les plus signalés services soit comme observateur dans les tranchées de premières lignes, soit comme officier de liaison entre l'infanterie et l'artillerie et a fait preuve d'un réel courage et d'un mépris absolu du danger ».

DELPORT, lieutenant au 29e régiment d'artillerie Cité : « Pendant un bombardement violent, a su maintenir le calme du personnel et assurer le ravitaillement malgré des pertes sérieuses subies par la batterie ».

DOUMER, Marcel, lieutenant au 20e chasseurs à cheval. Cité : « Modèle de bravoure et de crânerie. S'est prodigué sans compter en toutes circonstances depuis le début de la campagne. Le 30 août 1914, allant porter un ordre aux avant-postes, a été entouré par les fantassins ennemis, a eu son cheval tué sous lui par leur feu et ne s'est tiré de cette situation périlleuse que par son énergie et son sang-froid. Le 6 septembre, a ramené au combat des unités désorganisées et les y a maintenues en faisant le coup de feu avec elles ».

DUFUMIER, lieutenant au 325e régiment d'infanterie, professeur agrégé, inscrit pour la croix de chevalier de la Légion d'honneur. « Belle attitude durant quatre jours et trois nuits et dans les conditions les plus périlleuses ; a contribué de la manière la plus efficace au maintien du moral de la troupe très éprouvée avec laquelle il se trouvait. Vient d'accomplir un coup de main heureux sur un petit poste ennemi, en enlevant énergiquement sa troupe et en ramenant un prisonnier. N'a cessé depuis le début de la campagne, de montrer, en toutes circonstances, beaucoup d'entrain et de vigueur, et d'exercer sur la troupe un ascendant remarquable ».

DURAND-GASSELIN, Emmanuel, lieutenant de vaisseau, état-major. Fait officier de la Légion d'honneur.

De FLERS , Amédée, sergent-aviateur. Cité : « A fait preuve d'un sang-froid et d'une bravoure remarquables et contribué à sauver son avion dans des conditions très périlleuses ; avait déjà rendu de grands services comme observateur. Décoré de la Médaille militaire ».

FONTAINE, Gilbert, maréchal des logis au 25e régiment d'artillerie. Cité.

FONTAINE, Jacques, aspirant de marine. Cité.

De FRESCHEVILLE, Louis, sous-lieutenant au 59e régiment d'artillerie. Cité : « Le 4 mars 1915, se trouvant exposé pour la première fois aux obus ennemis, s'est fait remarquer par son calme et sa bravoure, donnant ainsi le plus bel exemple personnel à sa section, qui subissait un tir bien réglé et très efficace de l'artillerie ennemie. Le 5 mars, pendant l'attaque allemande, s'est rendu à un poste très exposé pour y observer le tir de sa section, en liaison avec l'infanterie ».

GOUDARD, Félix, lieutenant au 4e régiment d'artillerie. Cité : « Pour sa brillante conduite au feu et sa belle attitude ».

GRENET, capitaine. Fait chevalier de la Légion d'honneur.

HOSTEIN, Jean, caporal au 87e régiment d'infanterie. Cité : « A montré le plus grand courage en portant des ordres sous un feu violent et meurtrier ».

JOUET, René, sous-lieutenant au 150e régiment d'infanterie. Cité.

De LASSUS SAINT-GENIÈS, François, capitaine au 51e régiment d'artillerie. Cité : « Désigné pour opérer avec sa batterie la démolition des fils de fer dans le secteur d'un bataillon d'infanterie, a occupé pendant six heures un poste d'observation en première ligne et à découvert sous le feu de l'artillerie ennemie. Malgré des difficultés considérables d'observations a très bien accompli sa mission faisant preuve d'un sang-froid et d'une ténacité remarquables ».

De LASSUS SAINT-GENIÈS, Pierre, lieutenant au 366e régiment d'infanterie, commandant les mitrailleuses. Cité : « Fait preuve depuis plus d'un mois des plus grandes qualités d'intelligence, d'activité, d'entrain. Contribue à augmenter considérablement la force de résistance du secteur, grâce aux emplacements judicieusement choisis pour son matériel et à une équipe dressée avec le meilleur sens pratique. Officier très méritant ».

De LASSUS SAINT-GENIÈS, Gaston, sous-lieutenant au 10e régiment de chasseurs à cheval. Cité : « Le 1er septembre à Avançon, étant en reconnaissance, est parvenu à 800 mètres d'une batterie allemande qui venait de tirer et se ravitaillait, a ouvert le feu sur le convoi et lui a fait faire demi-tour en désordre. Était arrivé la veille du dépôt et voyait l'ennemi pour la première fois; a exécuté habilement et courageusement des reconnaissances dangereuses ».

LEBON, Marcel, sous-lieutenant au 52e régiment d'artillerie. Cité : « Sa brillante conduite et ses connaissances l'ayant fait désigner pour commander une batterie le 21 septembre, a été littéralement enterré dans son observatoire par un éclatement d'obus ; aussitôt dégagé a continué à commander sa batterie ».

LEFEBVRE de VIEFVILLE, André, sous-lieutenant au 36e régiment d'infanterie. Fait chevalier de la Légion d'honneur.

LEMAIGNEN, Robert, lieutenant, section de mitrailleuses du 8e dragons. Cité : « 1° pour avoir étant en reconnaissance passé sous le feu de l'ennemi et y avoir repassé à 25 mètres » 2° « Après avoir montré beaucoup d'énergie dans une attaque est resté jusqu'à 9 heures du soir sur le terrain pour garder et surveiller les blessés du détachement ».

LIGER, René, lieutenant au 12e régiment d'artillerie. Cité : « Chargé du service téléphonique, a rendu des services remarquables au cours des opérations des cinq derniers mois, faisant preuve d'une activité et d'un entrain constants. A, en particulier, assuré, dans les circonstances les plus dangereuses, au cours des engagements de mars, la constante liaison entre l'infanterie et les batteries ».

De LUPPÉ, Jean-Bertrand, lieutenant au 1er régiment de cuirassiers. Fait chevalier de la Légion d'honneur.

De MAUD'HUY, sous-lieutenant observateur en avions à l'escadrille *M. F. 5.* Cité : « Affecté comme observateur à une armée, a montré les plus belles qualités d'audace et de sang-froid dans des circonstances difficiles ».

MAZE-SENCIER, René, maréchal des logis au 21e régiment de chasseurs à cheval. Cité: « Pour bravoure et belle conduite à la bataille de l'Yser ».

MOCH, Jules, sous-lieutenant au 6e régiment du génie compagnie 12/4. Cité: « Officier plein d'entrain et de bravoure, dont la conduite a été parfaite depuis le début de la guerre. A commandé la compagnie à l'attaque le 9 avril où elle a eu de grosses pertes. A amorcé dans la nuit du 21 au 22 mai un élément de tranchée à 200 mètres en avant de nos lignes et a continué son travail malgré un bombardement très meurtrier ».

MONIOT, Jean, médecin auxiliaire au 4e régiment de zouaves. Cité : « Le 26 avril 1915 devant Lizerne s'est montré très dévoué dans l'accomplissement de sa tâche au refuge des blessés dans lequel il n'a pas cessé de panser les blessés malgré un bombardement qui a blessé deux infirmiers à ses côtés ».

MONTARIOL, Paul, maréchal des logis au 2e régiment de cuirassiers. Promu sous-lieutenant. Cité: « S'est particulièrement signalé par une reconnaissance faite à travers les lignes ennemies ».

MURAT, Charles, lieutenant. Médaillé militaire au Maroc. Fait chevalier de la Légion d'honneur aux Dardanelles: « Ayant été blessé dans une tranchée refusa de se faire évacuer vers l'ambulance et demeura jusqu'à la fin de l'action à son poste ».

De NAVACELLE, Charles, officier de cavalerie, passé sur sa demande au 338e d'infanterie. Cité: « Commandant le 2 avril un détachement chargé d'une reconnaissance a conduit l'opération avec autant d'intelligence que de courage. S'est jeté résolument sur une patrouille allemande dont il a abattu de sa main les deux premiers hommes. A sauté le premier dans la tranchée ennemie mettant en fuite le poste qui l'occupait, permettant la capture de prisonniers dans des circonstances très difficiles et très dangereuses ».

NAUD, Eugène, lieutenant au 3e régiment du génie. Cité.

OTTENSOOSER, Louis - Jacques, lieutenant au 103e régiment d'infanterie. Cité : « A entraîné vigoureusement sa section à l'assaut de la position ennemie. Est parvenu le premier dans une tranchée allemande et ne l'a abandonnée qu'après la mort de la plupart des hommes qui l'avaient suivi ».

Du PARC, Maurice, enseigne de vaisseau commandant les fusiliers marins. Fait chevalier de la Légion d'honneur au combat de Dixmude.

PAULIAN, André, capitaine-interprète : Cité : « Attaché depuis le début de la campagne au 1er corps anglais, a fait preuve en toutes circonstances du plus complet dévouement. Témoigne au feu des plus belles qualités de calme, d'énergie et de sang-froid. S'est particulièrement distingué à Bourg, dans les combats sur l'Aisne et la bataille d'Ypres pour la sûreté de ses informations. Deux fois signalé par les autorités militaires anglaises, spécialement mentionné par le Maréchal commandant en chef ».

PAUMIER, Henry, lieutenant au 18e régiment de dragons. Cité : « A réussi, sous un feu nourri et avec un effectif très faible, à refouler une avant-garde ennemie et l'a tenue en respect pendant quatre heures pour assurer le débouché de l'infanterie ».

PAUMIER, Émile, sous-lieutenant pilote aviateur. Escadrille V. 24. Décoré de la Médaille militaire au mois de septembre 1914. Cité: « Sous-lieutenant pilôte d'une adresse remarquable. Travailleur infatigable. A créé de toutes pièces et appliqué lui-même une méthode scientifique dont les résultats ont rendu les plus grands services, et qui a exigé de sa part une énergie et un courage à toute épreuve ».

PETIT, Henry, lieutenant au 1ᵉʳ régiment d'artillerie de montagne. Cité: « Commandant sa section avec le plus grand sang-froid et avec un mépris absolu du danger, a obtenu des résultats très efficaces en poussant ses pièces dans les tranchées d'infanterie, à moins de 100 mètres de l'ennemi, admirablement secondé par sa section tout entière ». Proposé pour la Légion d'honneur.

Du PEUTY, Paul, capitaine, armée du Maroc. Fait chevalier de la Légion d'honneur.

PIZON, Jean, sous-lieutenant au 59ᵉ régiment d'artillerie. Cité: « A rempli les fonctions d'officier-observateur avancé pendant les journées du 9 au 18 mai. Malgré le feu très meurtrier de l'artillerie ennemie, s'est porté à diverses reprises dans les tranchées conquises pour situer nos premières lignes et assurer la liaison avec l'infanterie ».

POUSSIN, Maurice, lieutenant au 59ᵉ régiment d'artillerie. Cité deux fois: 1° « Durant le combat du 14 septembre, un caisson d'une batterie ayant pris feu, s'est porté spontanément à cette voiture et a pris avec le plus grand sang-froid les mesures nécessaires pour empêcher son explosion ». 2° « D'une bravoure à toute épreuve. Depuis le commencement de la campagne, rend des services exceptionnels à son chef d'escadron, soit comme observateur, soit en dirigeant des tirs. S'est particulièrement distingué dans les affaires de Notre-Dame-de-Lorette du 3 au 5 mars. Constamment sous le feu très violent de l'artillerie et même de l'infanterie, il n'a cessé de fournir les renseignements les plus précieux aux batteries ».

PROT, Marcel, lieutenant de dragons, interprète à l'armée anglaise. Cité : « Attaché à la cavalerie anglaise depuis le début de la campagne, a pris part à tous les engagements dans lesquels son régiment a eu à combattre, en particulier sur l'Aisne et autour d'Ypres, où il s'est signalé par son énergie, son mépris du danger et son dévouement ».

PROUVÉ-DROUOT, Hubert, sous-lieutenant au 154ᵉ régiment d'infanterie. Cité : « A fait preuve d'une belle bravoure en entraînant sa section à l'attaque. A tué de sa main le premier ennemi rencontré ».

QUANTIN, Jules, capitaine commandant la compagnie du génie 7/3. Deux fois cité : 1° « Officier très intelligent et très zélé qui a rendu et continue à rendre d'excellents services dans l'organisation du secteur de la brigade à laquelle il est attaché. A plusieurs fois fait preuve d'une extrême crânerie dans la guerre de mines et pour la direction d'établissement de tranchées sur des terrains très dangereux ». 2° « A toujours fait preuve des plus brillantes qualités militaires. A donné à plusieurs reprises, dans des circonstances difficiles un exemple remarquable de bravoure et de discipline, notamment le 20 septembre où il a réussi par ses habiles dispositions et sa ferme attitude à arrêter une attaque très vive dirigée par l'infanterie ennemie sur un front dont la garde lui avait été confiée ».

De RANST Pierre, sous-lieutenant au 155ᵉ régiment d'infanterie. Cité: « Le 19 janvier, faisant partie d'une compagnie d'attaque a enlevé sa section avec beaucoup de vigueur et est entré le premier dans une tranchée occupée par l'ennemi ».

RENAUD, Bernard, sous-lieutenant du génie. Cité: « A fait preuve pendant la préparation des attaques par mines du bois d'Ailly, d'une parfaite compétence technique et d'un zèle qui ne s'est jamais démenti ».

ROBIN, Louis, caporal au 131e régiment d'infanterie. Cité: « A été seul à 3 heures du matin, supprimer une sentinelle allemande ».

ROCHARD, Paul, lieutenant d'artillerie, aviateur escadrille *M. F. 52*. Cité: « Pour le courage et l'habileté avec lesquels il a assuré la liaison des troupes de première ligne. N'a pas hésité à circuler entre la première ligne de tranchées d'infanterie et les batteries pour porter un renseignement de tir sous un feu violent d'infanterie et d'artillerie qui avait coupé sa ligne téléphonique ».

SALLANDROUZE LE MOULLEC, Albert, lieutenant au 4e régiment du génie. Cité: « Dans la nuit du 12 au 13 janvier, s'est emparé d'une tranchée allemande qui était minée. S'y est maintenu malgré deux explosions et a bouché la communication ennemie ».

STAEBLER, Auguste-Joseph, maréchal des logis au 1er régiment d'artillerie de montagne. Déjà cité. Cité une seconde fois: « Le 2 décembre est retourné de sa propre initiative avec plusieurs de ses hommes au sommet de l'Immerling malgré un violent bombardement pour chercher des caisses d'explosifs qui avaient été laissées sur la position ».

TELLIER, Georges, lieutenant de réserve, promu capitaine et commandant au 251e régiment d'infanterie. Deux fois cité.

TILLIET, Robert, sous-lieutenant au 6e régiment du génie, compagnie 9/7, brigade du Maroc. Cité : « Jeune officier d'un grand sang-froid ; a dirigé brillamment depuis le début de la guerre, notamment du 25 avril au 3 mai, dans des circonstances souvent très difficiles, des travaux de sape et la construction des passerelles ».

TOUZET du VIGIER, Jean, lieutenant au 9e régiment de cuirassiers. Cité : « A fait une reconnaissance de plusieurs jours au milieu des lignes ennemies. A fait preuve en cette occasion de beaucoup d'entrain, d'endurance et de coup d'œil ; n'a pas hésité à courir sus à des détachements ennemis supérieurs aux siens pour y prendre des chevaux destinés à remplacer les siens trop fatigués ».

TRÉBOUL, Roger, sous-lieutenant d'artillerie. Cité.

TRUELLE, Jacques, brigadier au 3e régiment de hussards. Cité : « A chargé avec la plus grande énergie. » Décoré de la Médaille militaire.

De VAUFRELAND, Henri, capitaine commandant. Cité: « A chargé à plusieurs reprises à la tête de son escadron, a eu un cheval tué sous lui. »

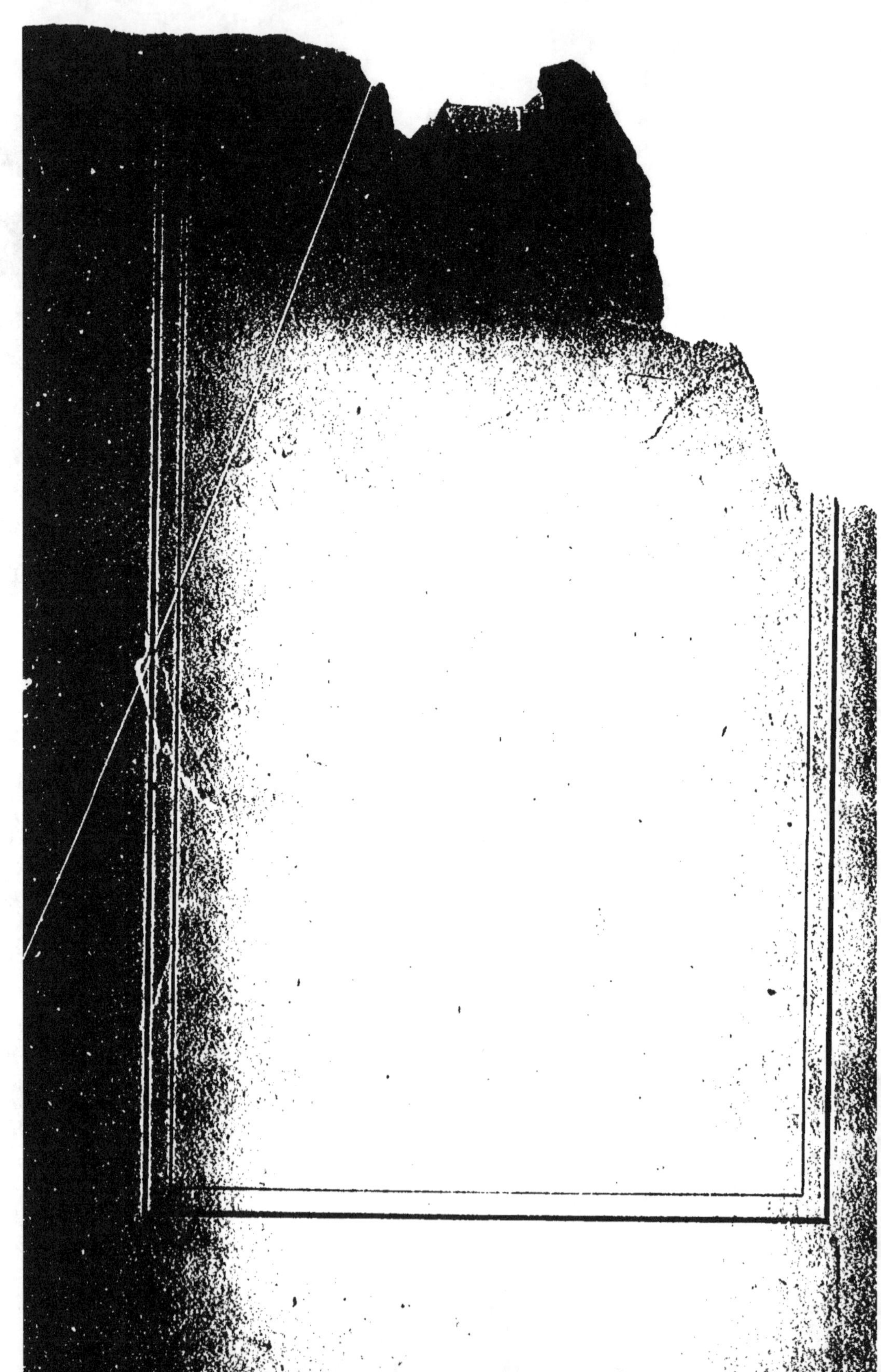